Derechos de autor © 2024 Matias Alejandro Casasola

Todos los derechos reservados

Los personajes y eventos que se presentan en este libro han sido modificados con el fin de preservar la identidad de algunos de los participantes. Cualquier similitud con personas reales, vivas o muertas, salvo específica referencia, es una coincidencia y no algo intencionado por parte del autor.

Todas las imágenes de este libro han sido creadas utilizando inteligencia artificial y son representaciones del artista.

Ninguna parte de este libro puede ser reproducida ni almacenada en un sistema de recuperación, ni transmitida de cualquier forma o por cualquier medio, electrónico, o de fotocopia, grabación o de cualquier otro modo, sin el permiso expreso del editor.

Revisión de estilo: Sebastián Rodrigo Canal Recharte

ISBN: 9798344493862

Sello: Independently published

CASONEANDO

La guitarreada y sus imaginarios:

El caso de La Casona del Molino

Matias Casasola

Mago Blanco

Gracias.

A mi familia, por todos los años de estudio.

A Clari, por el apoyo y el ánimo constante.

A Seba, por su mano precisa en los detalles.

A todos los casoneros y casoneras que aportaron sus bellas voces e historias.

¡Salud!

TABLA

PRÓLOGO	1
CAPÍTULO 1	5
SALTA, CUNA DE POETAS Y CANTORES	5
BREVE HISTORIA COLONIAL	8
COSMOVISIÓN ANCESTRAL	10
LOS ARRIEROS	13
TROVADORES DE LA REVOLUCIÓN	19
CAPÍTULO 2	25
LA CASONA DEL MOLINO	25
EL PARAÍSO	30
TRES AMIGOS Y UN SUEÑO	33
EL VIAJE CUALITATIVO	38
SESENTA DÍAS EN LA CASONA DEL MOLINO	41
CAPÍTULO 3	51
IMAGINARIOS Y REALIDADES: LA CULTURA VIVA	51
¿QUÉ ES LA CASONA?	52
LA SOCIEDAD, SALTA Y LOS SALTEÑOS	61
LA MÚSICA	66
EL FOLCLORE	70
LOS VALORES DEL FOLCLORE	76
LA MANDINGA, LA DEL PIANO Y LAS OTRAS SALAS	80
LOS CASONEROS	86
LA JUVENTUD	92
LOS TURISTAS	94

LOS CANTORES	95
VIVENCIAS CASONERAS	101
EL VINO	105
MITOS	110
LA ENERGÍA	112

CAPÍTULO 4 — 115

NUESTROS IMAGINARIOS CREAN AL MUNDO — **115**

Y USTED PREGUNTARÁ POR QUÉ CANTAMOS	123
SOMOS IDEAS	124
EL CAMINO RECORRIDO	126

ACERCA DEL AUTOR — **131**

LECTURAS RECOMENDADAS — **133**

Prólogo

Esta obra nace del gusto de compartir y poner en palabras la riqueza de una profunda práctica que, durante un período de mi vida, me permitió conectar con las personas a niveles mucho más complejos y cargados de significados de lo que habitualmente se entiende como la *comunicación*, estrictamente referida a la parte mediática de la práctica. Producto de una investigación que fue inicialmente concebida y presentada como una tesis de grado, con la cual obtuve mi Licenciatura en Ciencias de la Comunicación allá por 2015, esta obra se basa en la hipótesis de la existencia de un universo que envuelve lo emotivo, psicológico, físico, material y espiritual, donde se reconoce la comunicación como un elemento innato en la naturaleza que conecta múltiples aspectos, tanto del hombre como del universo que lo contiene. En otras palabras, es un estudio que intenta demostrar que no solo nos comunicamos con las formas que conocemos, sino que los espacios y las historias también nos hablan desde otros puntos del tiempo y la consciencia.

La historia comienza en 1999 cuando, tras mi llegada a Salta, con nueve años, me encontré sumergido en el mundo del folclore local y sus arraigadas prácticas a través del canto. Dando mis primeros pasos durante la escuela primaria, donde formé rápidamente un grupo musical con mis compañeros, fui desarrollando un aprecio especial por esta forma de expresión que no había conocido antes en otros lugares. Me llamaba muchísimo la atención la frescura con la que mis compañeros de escuela, amigos y personas mayores vivían la música y las formas tan comprometidas que tenían de interpretarlas. Así fue como ella se convirtió también en el vehículo ideal para mis emociones y pensamientos. En 2010, la insistencia de algunos amigos me llevó por primera vez a conocer la Casona del Molino. Desde entonces, este espacio social único se ha convertido en un refugio incomparable para mí y muchos otros cantores y poetas de mi generación.

La comunicación, como descubrí, es un fenómeno natural presente en todo el universo. Para nosotros, que veníamos de entender la comunicación como *trabajar* en los medios (la televisión, la radio o los videos en internet), era difícil pensar que la comunicación existiera sin un aparato intermediador. Así fue como, al hacerme la pregunta sobre *por qué no*, me decidí a identificar y compartir ciertos fenómenos que pasaban desapercibidos en la cotidianidad de nuestros jóvenes veinte años. Así nació la necesidad de investigar un poco más de cerca los fenómenos emocionales vividos en la Casona del Molino: lo que nosotros llamábamos *la magia*, la tradición, las nuevas expresiones, la música y el baile. Todas estas formas de expresión comunicaban algo valioso: tenían su voz propia aun sin proponérselo.

Haber elegido a la juventud que frecuenta la Casona del Molino como sujeto de observación y universo de acción no fue casualidad. La afinidad generacional y las múltiples interacciones con el lugar, debido a las gratas noches experimentadas allí, me llevaron a suponer que este grupo expresaba más claramente las motivaciones ocultas del inconsciente colectivo. No estoy diciendo nada nuevo: yo, como joven, quería conectar con la fuerza creativa de ese submundo mental de la sociedad y encontrar una forma de expresión junto a otros jóvenes incómodos, pero quizá un poco más livianos y menos prejuiciosos que nuestros predecesores.

Imagínate ahora una noche estrellada en Salta, un valle rodeado de montañas y una vieja casona, en la que un grupo de jóvenes se reúne alrededor de una mesa o una fogata. Los ves charlando, bebiendo, comiendo, compartiendo historias de la semana con la magia de la amistad y la música. Las guitarras comienzan a sonar y, con cada acorde, una nueva historia cobra vida. El vino empieza a correr, los miedos se comienzan a desdibujar y las sonrisas se vuelven más reales y menos estéticas para las fotografías. Esta es la esencia de la guitarreada, una práctica que trasciende las notas musicales y nos invita a explorar el alma misma de la gente que la celebra.

Cada guitarreada es un encuentro único, tejido con los imaginarios y creencias de todos sus participantes. ¿Qué valores y percepciones la definen? ¿Qué ideologías se reflejan en las canciones y los silencios compartidos? Y la pregunta central de este acercamiento: ¿qué sentidos construyen los jóvenes salteños alrededor de la guitarreada? Esto nos lleva a querer responder preguntas fascinantes: ¿comparten estos sentidos todos los participantes? ¿A qué edad comienza esta práctica? ¿Qué motiva a los jóvenes a continuarla? ¿Existen privilegios? ¿Qué valores sociales se reproducen en estos encuentros? ¿Se mantienen las jerarquías o se borran durante una guitarreada? ¿Es esta experiencia esencialmente individual o apunta a una forma de *estar juntos*?

Te invito a unirte a este viaje. A diez años de haber realizado esta investigación, he decidido compartirla fuera de las normas y los marcos académicos. Por eso, me tomé varias libertades a fin de contar lo mismo, pero quizá con algunas palabras más nuestras, más del día a día. A medida que profundizamos en estas preguntas, descubriremos no solo los secretos de la guitarreada, sino también el alma y la vivacidad de una comunidad que, a través de la música y la camaradería, forja su identidad y celebra la vida.

¿Me acompañas a desentrañar estos misterios? La melodía ha comenzado.

CAPÍTULO 1

Salta, cuna de poetas y cantores

Desde las ciencias sociales, cuando vamos a trabajar sobre un fenómeno particular, es muy importante entender y conocer el contexto donde este se desarrolla, partiendo de la base de que las cosas que hoy son *normales* y *establecidas* no siempre lo fueron, y que no podemos dar nada por hecho hasta culminar nuestra investigación. Esta es la base para cuestionar y evidenciar cualquier forma de pensamiento que tengamos hoy en día y para entendernos dentro de nuestros propios universos de ideas. Por eso, en estas primeras líneas introductorias, llevarte por un viaje descriptivo es la mejor manera de entrar en el tema y conocer más de cerca dónde sucede todo.

La provincia de Salta está situada en el noroeste de la República Argentina. Tiene una altura de 1.187 metros sobre el nivel del mar y está emplazada en el Valle de Lerma, al pie del Cerro San Bernardo. En el corazón del noroeste argentino, Salta se despliega como una provincia donde el tiempo muchas veces parece haberse detenido, ya que preserva intacta su esencia tradicional. Conocida y criticada por muchos como una de las provincias más conservadoras de la República Argentina, Salta ha sido descrita por varios autores como una sociedad feudal, donde la historia y las costumbres se han entrelazado siempre con una marcada estratificación social. Este calificativo se refiere, sobre todo, al hecho de que las sociedades feudales estaban divididas en estamentos muy rígidos, a saber: la nobleza, el clero y el resto de personas, conformado por los campesinos o el pueblo. Esto ciertamente no es un atributo muy promocionado a la hora de hablar de Salta, pero es importante entenderlo en la práctica como un lugar en el que las familias más antiguas aún ejercen su influencia en los altos mandos de la economía, la cultura y la política, de modo tal que mantienen sistemas basados en las jerarquías de grupos sociales muy marcados.

Este adjetivo –feudal– se justifica también en la fuerte presencia histórica que la religión católica ha tenido en la provincia desde prácticamente su fundación. El catolicismo también impregna el espíritu salteño con una devoción popular que se manifiesta, sobre todo, en la gran fiesta del Señor y la Virgen del Milagro, que tiene lugar cada septiembre. Este evento reúne a cientos de miles de personas de toda Salta y provincias cercanas, quienes viajan a pie desde distintos puntos de la geografía en peregrinación por varios días hasta llegar a la ciudad de Salta con el fin de saludar a sus santos patronos. Además, durante mucho tiempo, la enseñanza de la religión católica fue obligatoria en todas las escuelas, lo cual refleja su profundo arraigo en los modelos psicológicos que organizan la vida institucional y cotidiana de los salteños.

La lengua castellana predomina en Salta, producto de la conquista española, pero la provincia guarda un tesoro lingüístico en los lenguas precolombinas como el cacán, el quechua, el wichí y el chiriguano. Aunque las políticas del Estado argentino se opusieron históricamente a aquellas, su presencia aún susurra historias de tiempos ancestrales en muchas comunidades de la actualidad.

En cuanto a la economía, Salta se teje con hilos de agricultura, ganadería y minería. Los campos salteños suelen pintarse de verdes y dorados entre febrero y marzo con los cultivos de tabaco, caña de azúcar, bananas, cítricos, legumbres y hortalizas. La ganadería, con su cría de vacunos, llamas, alpacas, guanacos y caballos, complementa este paisaje de gran productividad. En las entrañas de la tierra, la minería extrae hidrocarburos y minerales, lo que nutre a la industria local e internacional. El sector industrial de Salta, íntimamente ligado a la agricultura y ganadería, produce, entre muchas otras cosas, vinos exquisitos reconocidos internacionalmente.

Salta es, a ojos de muchas personas y también de los míos, una de las joyas más bonitas del suelo argentino. Su tradición cultural se vive y se respira en cada rincón: en las calles, en las peñas, en los festivales y en las carpas que celebran la música, la poesía, la fiesta y el vivir del pueblo. Esta provincia, conocida por ser cuna de cantores y poetas, sigue ofreciendo al mundo una riqueza cultural inigualable, donde el alma de Salta se manifiesta en cada nota, verso y corazón que late al ritmo de su tierra.

Breve historia colonial

La ciudad de Salta, que originalmente se llamó San Felipe de Lerma del Valle de Salta, fue fundada por don Hernando de Lerma el 16 de abril de 1582. Don Hernando, un conquistador español nacido en Lerma, ciudad de Burgos, fue nombrado cinco años antes como gobernador de Tucumán y tuvo la intención de establecer un punto estratégico para controlar las rutas comerciales entre el virreinato del Perú y el virreinato del Río de la Plata[1]. Al principio, Salta no era más que un fuerte defendido por unos pocos soldados, pero ocupaba un lugar estratégico en el comercio y la comunicación entre el Alto Perú[2] y las regiones de Tucumán y Chile.

Salta se encuentra en una región conocida ahora como los Valles Calchaquíes, un área con salidas estratégicas hacia todos los puntos cardinales que los españoles aprovecharon durante la conquista para librar cruciales batallas en su plan de expansión por el territorio. Los primeros en ingresar a esta zona durante el proceso de conquista fueron los capitanes españoles Diego de Almagro en 1536 y, poco después, Diego de Rojas en 1540, quien llegó con su compañía en una expedición a Tucumán, donde se dedicaron principalmente a la

---

[1] El virreinato del Río de la Plata (1776-1810) fue una división administrativa del Imperio español en Sudamérica, creada para gestionar los territorios que abarcan actualmente Argentina, Uruguay, Paraguay y Bolivia. Su capital fue Buenos Aires, y su establecimiento buscó fortalecer el control español sobre la región y mejorar la administración y el comercio.
[2] El Alto Perú (siglos XVI-XIX) fue una región colonial del Virreinato del Río de la Plata, comprendiendo el territorio de la actual Bolivia. Fue conocida por su riqueza en minerales, especialmente plata, y su capital fue la ciudad de Sucre.

evangelización de las sociedades precolombinas de la región. Sin embargo, la colonización formal de toda la región de estos valles no se realizó hasta cien años después, cuando las tribus originarias llamadas Quilmes fueron expulsadas por fuerzas conjuntas de varias regiones. El siguiente texto de Carrizo (1993) ilustra la lucha entre ambas concepciones del mundo:

> No importa que el primer asiento de españoles sea saqueado e incendiado por el nativo, no importa que huya el poblero ante el cuadro pavoroso de su encomienda devastada, ya volverá con nuevos bríos a sojuzgar al calchaquí, al lule hasta dominarlos, hasta hacerlos aceptar la cultura española. Es muy importante poner de manifiesto esta cara de la historia para poder entender que las actuales provincias y alrededores son resultado de siglos de lucha, una increíble hibridación de culturas que ha resultado en la mezcla de muchas raíces y tradiciones distintas entre sí.

Los criollos, como se denominaba a los hijos de españoles y originarios nacidos en América, desarrollaron con el tiempo una identidad propia. Esta identidad fue moldeada por la combinación de influencias españolas y aborígenes, lo que dio lugar a nuevas formas de expresión dentro de una rica y variada cultura, que constituye una parte esencial del patrimonio actual de Salta.

Cosmovisión ancestral

Para acercarnos un poco más al entendimiento de cómo se formó esta cultura única en Salta, primero debemos mirar hacia los saberes y tradiciones de los pueblos originarios que habitaron la región antes de la llegada de los conquistadores españoles. Durante más de cinco siglos, ha existido una visión predominante que divide a las sociedades en *civilizadas* y *bárbaras*. Esta visión fue impuesta por los colonizadores europeos y sirvió de base conceptual para todo el movimiento de conquista, lo que impactó directamente en cómo eran percibidos y tratados los pueblos originarios. En otras palabras, todo acto de violencia o sumisión estaba siempre justificado por la idea de progreso sobre estas razas bárbaras y desprovistas de humanidad.

Esta lógica es una manera dual de entender las sociedades: por un lado, están las culturas consideradas civilizadas, organizadas en ese contexto según sistemas europeos traídos por la Corona española y, por otro, están las culturas calificadas como bárbaras, percibidas como incivilizadas y salvajes, lo que las colocaba por defecto en una posición inferior en la escala social.

Un ejemplo de cómo se aplicaba la metodología de conquista más allá de la brutalidad física se puede ver en una carta escrita por el padre Alonso de Bárzana, del 8 de septiembre de 1594. En la carta, Bárzana describía a los Lules – una de las naciones indígenas de la región– como muy dados a bailar, cantar y celebrar. Según él, toda la comunidad participaba en estas actividades, desde las fiestas hasta los rituales fúnebres. Así, para poder evangelizar con éxito a estos pueblos, la llamada Compañía de Jesús[3] utilizaba la música y el canto, dándoles nuevos cánticos cristianos para que los adoptaran y abandonaran sus costumbres paganas:

> Todas estas naciones –Lules de la Frontera y de Tucumán– son muy dadas a bailar y cantar, y tan porfiadamente, que algunos pueblos velan la noche cantando, bailando y bebiendo. Los lules entre todos son los mayores músicos desde niños y con más graciosos sones y cantares; y no solo todas sus fiestas son cantar, pero también sus muertes todas las noches las cantan todos los del pueblo, cantando juntamente, llorando y bebiendo. Y así la Compañía, para ganarlos con su modo, a ratos los iba catequizando en la fe, a ratos predicando, a ratos haciéndoles cantar en sus corros y dándoles nuevos cantares a graciosos tonos; y así se sujetan como corderos, dejando arcos y flechas.

---

[3] La Compañía de Jesús, fundada en 1540 por Ignacio de Loyola, fue una orden religiosa clave en la evangelización y educación durante la conquista de América. Estableció misiones y colegios, y defendió, en ocasiones, los derechos de los indígenas.

Si bien es importante entender la complejidad del contexto, no debemos detenernos demasiado en los detalles de los métodos usados durante la conquista: es más importante ampliar la mirada y salirnos de cualquier juicio moral para poder observar mejor la mezcla de estas formas de ser tan distintas. La transformación que tuvo lugar terminó por crear, como veremos a continuación, una cultura mestiza única en Salta y en toda la región. Los pueblos originarios eran muy ricos en expresiones artísticas y musicales, las cuales se usaban para transmitir sus emociones y su espiritualidad. Este mestizaje y la hibridación cultural, a pesar de la lógica de civilización vs. barbarie impuesta por los colonizadores, dieron lugar a una forma de ser y vivir única.

Los arrieros

Pasaron las generaciones y los años, y, con ellos, las nuevas formas de vida en estos lugares que poco a poco dejaron de ser solo monte y fuertes. Las ciudades comenzaron a crecer y el auge del Virreinato como forma de gobierno empezó a dar forma a las identidades regionales. Salta, un punto que crecía en importancia y prestigio, comenzó a erigirse como una poderosa e importante ciudad con una élite de familias tradicionales y fundadoras que estableció su dominio, lo que dotó a la ciudad de una identidad propia: importó costumbres europeas y creó, a la vez, un sello propio de la tierra que estaban construyendo. Usaron, por supuesto, a la cultura como forma de desarrollo del alma y el pensamiento.

Así fue como, en el siglo XVIII, Salta emergió como una metrópolis vital, conectada directamente con Lima (Perú) a través de una ruta comercial estratégica. Esta conexión mantenía a los salteños informados sobre los sucesos de la Corona española y el mundo europeo. El salteño de aquella época era una figura multifacética: estanciero, criador de ganado, comerciante y hombre de ciudad. Adoptó un estilo de vida europeo, además de reflejar esas influencias en toda la arquitectura de sus construcciones monumentales y sus edificios. La ciudad se construyó y embelleció con refinamientos traídos desde España. Las casas de estilo barroco colonial, con influencias andaluzas y mestizas, adaptadas a los materiales y al clima local, tenían grandes comodidades y algunas, incluso, mostraban orgullosamente sus escudos de armas nobiliarios en sus fachadas. Los salteños vestían trajes de finas telas y decoraban sus hogares con platería y muebles importados desde Castilla, Trujillo y Lima, transportados a lomo de mula a través de las rutas comerciales de Jujuy.

Sin embargo, en los polvorientos caminos rurales de esa América colonial, todo seguía siendo mucho más manual y rústico. Los medios de transporte —casi por exclusividad fuera de las grandes ciudades— eran aquellos con tracción a sangre, principalmente carretas, caballos y mulas. A los hombres encargados del oficio de transportar bienes, productos y herramientas por toda la región se les daba el nombre de *arrieros*. Los arrieros eran hombres fuertes y resilientes, encargados de transportar las mulas de carga a través de valles y montañas, un oficio que requería no solo fuerza física, sino también una valentía que pocos poseían.

Cada amanecer, el sonido de los cascos de las mulas rompía el silencio de las primeras horas del día. Con sombreros de ala ancha y ponchos coloridos, los arrieros guiaban a sus animales a través de rutas que conectaban los centros de producción con los mercados lejanos. Salta y el Valle de Lerma eran destinos habituales, lugares que se convirtieron en puntos de encuentro para el intercambio de mercancías.

Sin embargo, el papel de los arrieros iba mucho más allá de ser simples comerciantes. Ellos fueron, casi sin saberlo, los portadores de cientos de melodías y versos que cruzaban las fronteras de un lado hacia el otro. En sus travesías, los arrieros cantaban coplas y tocaban sus guitarras, con ritmos traídos de España, Bolivia, Perú y Ecuador, dejando así un rastro sonoro en cada lugar que visitaban.

Al llegar a sus parajes, las noches se llenaban de canciones e historias que hablaban de amores y pesares de la propia vida. Las reuniones alrededor de una hoguera o en las tabernas eran el escenario donde la poesía popular encontraba su propia voz. Los arrieros cantaban entonces esas historias con un sentimiento profundo y esas melodías, ricas en emociones y vivencias, se fueron enraizando poco a poco en una parte cada vez más honda de los pueblos sudamericanos.

De esta manera, lo que a simple vista era solo el comercio de mercancías, en realidad ocultaba un increíble compartir de culturas. Así, los ritmos y cantos que trajeron encontraron un hogar particularmente receptivo en las tierras fértiles y el verdor del Valle de Lerma.

Con cada viaje, los arrieros contribuían a la creación de una red cultural que unía distintos pueblos y tradiciones, cuyo resultado fue una rica y diversa manta de sonidos y palabras que perdura hasta hoy. Cuando el sol se ponía en el horizonte y el día de trabajo llegaba a su fin, no solo se intercambiaban bienes, sino también un valioso legado de poesía y música que aún resuena en el folclore de la región.

Uno de los eventos que mejor ha simbolizado esta confluencia de culturas desde aquel tiempo ha sido la Fiesta de Sumalao, una celebración llevada a cabo en el mes de junio en honor al Señor de Sumalao. Este evento -en el que se desarrollaba un mercado de compra y venta de mulas- se erigió como un vibrante acontecimiento social que atraía a comerciantes de todas partes. Además, se transformó en un punto de encuentro crucial para compartir tradiciones, canciones y bailes. Así, funcionó como una poderosa plataforma de socialización y difusión cultural.

Entre la algarabía de los comerciantes y el movimiento de las mulas, se tejía una rica trama cultural. Juan Alfonso Carrizo lo describe así en sus relatos sobre los peregrinos:

> Salta fue la gran Capital del Norte, allá iban anualmente el catamarqueño industrioso, labrador incansable de sus secadales con sus cientos de mulas cargadas, marchando al dulce arrullo de sus tonadas...

Por el naciente de Salta entraban los santiagueños, fabricantes de frazadas y sobrecamas tejidas bajo sus algarrobos, con la guitarra terciada a la espalda, tarareando vidalas y chacareras. En Sumalao sentaban plaza de bailarines, nadie como ellos sabían hacer sesenta o cien zapateos distintos para bailar el gato.

Los hijos de la docta Córdoba arriaban por el centro de Trancas y el Rosario sus mulas grandes, gordas y chúcaras. Los tucumanos, enriquecidos con sus plantaciones de caña y con los mil productos de su tierra fértil, llegaban también con sus corpulentas 'migueleñas' a Salta. La influencia cultural que llegó a Salta no se limitó a sus provincias cercanas. El intercambio fue aún más vasto y profundo. Desde Chile, la provincia recibió canciones y coplas que forjaron un repertorio compartido, sobre todo en zambas y cuecas. Incluso, en Ecuador y Venezuela, se encontraron coplas muy similares a las salteñas con pequeñas variaciones en sus cancioneros populares, lo cual evidencia una herencia cultural común promovida por la organización política de aquella América.

Así, el flujo constante de comercio y peregrinación hizo de Salta un crisol cultural, donde la música y el baile eran una parte esencial del encuentro social. Estas formas de expresión no solo servían para entretenerse, sino que también eran medios para preservar e intercambiar tradiciones y conocimientos entre diferentes regiones.

Trovadores de la Revolución

Entre 1810 y 1825, nos encontrábamos en un mundo revolucionado. Hacía poco más de veinte años que la Revolución francesa había tenido lugar, y en América Latina la llama de las ideas libertarias ardía más fuerte que nunca. Este período es ciertamente muy amplio de explicar y tiene muchísimos matices, pero fundamentalmente hay que entender que existían dos corrientes de pensamiento muy antagónicas entre sí dentro del seno mismo de los pueblos del Virreinato: los patriotas y los realistas.

Los patriotas eran los revolucionarios que luchaban por la independencia de las colonias americanas respecto del dominio español. Querían establecer naciones libres y soberanas, gobernadas por sus propios habitantes y no por el monarca español y sus representantes. Por otro lado, los realistas eran los defensores del régimen colonial y leales al rey de España. Su objetivo era mantener el control de los territorios americanos bajo la soberanía de la Corona española y sofocar los movimientos independentistas.

Eran tiempos convulsos, de guerras contra el opresor pero también de guerra civil. No obstante, como en muchos otros períodos oscuros de la humanidad, la poesía y el arte comenzaron a surgir como algunas de las formas más cercanas y útiles de poder transitar la dureza de la realidad: fueron verdaderos refugios del alma para las personas, quienes podían encontrar allí ciertos remansos de calma. Privados de una prensa oficial, los habitantes de Salta y la región se encontraban ante un escenario incierto en donde las instituciones que antes los respaldaban ya no existían o no cumplían con sus funciones. Entonces, algunos grupos intelectuales comenzaron a buscar nuevas formas de expresar sus pensamientos y sentimientos. Así fue como, usando décimas, decasílabos y sonetos –formas poéticas caracterizadas por la rima–, comenzaron a canalizar y comunicar todo lo que estaban viviendo de una forma completamente alternativa. Desde las injusticias del gobierno hasta las heroicas hazañas de los combatientes, en cada verso, una voz anónima narraba las historias y anhelos de una tierra que buscaba ser libre.

Más pronto que tarde, estas expresiones poéticas se encarnaron en figuras específicas, hombres y mujeres portadores de un mensaje y una forma particular de expresión muy propia de cada lugar. Así surgieron los primeros poetas y, con ellos, los cantores y guitarreros. Estos hombres y mujeres, portadores de la sabiduría popular, se convirtieron en trovadores modernos que llevaron consigo las melodías y extendieron la poesía y el canto.

Con las décadas siguientes, en un clima totalmente renovado y con el impulso de un país recientemente constituido, el arte ayudó en gran medida a crear las nuevas identidades nacionales. Los guitarreros interpretaban coplas, gatos, chacareras y chilenas, ritmos que poco a poco se hacían propios de algunas regiones como Salta y Santiago del Estero.

Se cuenta que en las noches estrelladas a orillas del actual Río Juramento, conocido en aquel tiempo como Río Pasaje, las guitarras, los bombos y los violines resonaban a menudo en celebraciones que solían coincidir con la cosecha de la algarroba, un fruto dulce que llegaba a su maduración justo para el Carnaval. Los bailes favoritos en esas reuniones eran el gato, la chacarera, la chilena, el escondido y la firmeza. Eran sin duda momentos de celebración y desconexión, donde hombres y mujeres que se olvidaban por un rato del trabajo en el campo se entregaban a la celebración de la vida.

Es importante aclarar que esto no solo ocurría en entornos rurales. En la capital de la provincia, las fiestas religiosas y los santos patronos se conmemoraban tanto en las iglesias como con grandes bailes organizados por bolicheros, que aprovechaban la ocasión para vender bebidas a los asistentes.

El mes de septiembre en la ciudad de Salta traía así la festividad católica más importante: la celebración del Señor y la Virgen del Milagro. Durante esos días, la ciudad se llenaba de locales y forasteros que abarrotaban pulperías, casas de comida y hasta domicilios particulares para cantar y bailar desde el amanecer hasta bien entrada la noche.

En medio de pasiones y turbulencias, los poetas y guitarreros se convirtieron en portadores de la historia viva de cada pueblo. Con sus canciones y sus versos, se convirtieron en los cronistas anónimos y el corazón palpitante de una comunidad que luchaba, soñaba y celebraba con fuerza.

CAPÍTULO 2

La Casona del Molino

En los primeros años, la casa que hoy todos conocen como la Casona del Molino era parte de una finca ubicada en la zona oeste de la ciudad de Salta. En ese entonces, esta área respondía al nombre de finca El Paraíso. Los primeros dueños de la finca —allá por 1583— eran los familiares de don Hernando Arias Velázquez, un hombre de fuertes raíces, descendiente del conquistador español Fernando Arias Velázquez. Este último, nacido en España en 1557, no solo fue Capitán de Guerra de Flandes, sino que también asistió a la fundación de Salta el 16 de abril de 1582.

La Casona era solo una de las múltiples edificaciones que daban vida a esta finca. Además, había al menos tres casas adicionales, cada una con un propósito distinto: un oratorio y dos molinos incansables, donde se transformaban el trigo y el maíz en productos esenciales.

Hacia los años 1720, la finca completa cambió de manos y pasó a ser propiedad de las compañías jesuíticas. Estos nuevos dueños, con sus hábitos y su misión evangelizadora, mantuvieron la finca bajo su control alrededor de cincuenta años. La tarea jesuítica comenzó poco después de iniciada la conquista y se expandió por todo el territorio americano. Sin embargo, con el triunfo sobre ese nuevo mundo, los miembros de la orden fueron poco a poco descuidando la *cautela* de su trabajo.

La Compañía de Jesús era una prolongación directa de las jerarquías eclesiásticas del poder de la Iglesia católica que se coordinaba desde Roma, por lo que debían en todo momento rendir cuentas a dichas autoridades, ya que eran ellas quienes financiaban sus expediciones. Con el paso de los años, comenzó a hacerse evidente que la Compañía había decidido conservar muchos de los métodos y creencias de los pueblos originarios, por lo que fueron acusados de menoscabar la autoridad papal y rotulados como agentes peligrosos para la doctrina católica europea.

Los jesuitas conservaron la propiedad hasta el año 1767, año en el que el rey Carlos III de España expulsó a la Compañía de Jesús de las tierras del reino. La Compañía, que había acumulado un poder inmenso a través de sus misiones y escuelas, pronto vio cómo su influencia se desmoronaba.

Despojados y perseguidos, los jesuitas vagaron en la miseria hasta que el reino de Génova les ofreció refugio en Córcega. Así, exiliados de suelo americano, sus propiedades fueron repartidas entre organizaciones religiosas y estatales, y administradas por la Junta de Temporalidades, una institución que tenía por función regentar todos los bienes confiscados a la Compañía. Más tarde, por iniciativa de los herederos de Arias Velázquez, las tierras de la finca El Paraíso fueron devueltas a la familia, los primeros propietarios legales de las mismas.

En las últimas décadas del siglo XVIII, las tierras de El Paraíso encontraron un nuevo dueño en José de Medeiros (Colonia del Sacramento, junio de 1748 – Chuquisaca, c. 1815), un funcionario colonial español de origen portugués que ejerció como gobernador de la Intendencia de Salta del Tucumán en el virreinato del Río de la Plata a principios del siglo XIX. Las tierras que conformaban la propiedad eran conocidas por ese entonces como las Lomas de Medeiros, en clara alusión a la geografía del lugar y su propietario del momento, nombre que perdura incluso hasta nuestros días.

Con el tiempo, Medeiros vendió la finca a la familia Patrón, una de las más tradicionales e influyentes de Salta. Familia de una extensa historia, los Patrón se destacaron en la política, la agricultura y el comercio, y debido a las características sociales y políticas de la élite salteña, estos formaron importantes alianzas familiares a través del matrimonio y la cooperación económica y política con la familia Costas. La estirpe de los Patrón y los Costas se consolidó y expandió su influencia durante generaciones, lo que impactó significativamente en la historia de la provincia y del país. Robustiano Patrón Costas, hijo de Robustiano Patrón Escobar Costas y Justa Francisca Costas Figueroa Güemes, llegaría a ser gobernador de la provincia en el período 1913-1916.

Si bien los Patrón Costas eran los propietarios del terreno, no eran quienes se encargaban de la producción y el mantenimiento. Organizados mediante un sistema de arrendamiento, entregaban vivienda, comida y trabajo a personas que, a cambio de estos beneficios, se transformaban en los estancieros y productores de la finca. Fue así que, en el año 1905, el Sr. Domingo Mosca, un italiano natural de Macerata, hermano de Enrique, Nazareno, Octavio y José Mosca, ocupó dicho cargo y se quedó con el mantenimiento de la finca.

Con el paso de los años y tras la muerte de los propietarios originales, la finca quedó en manos de nuevos descendientes de la familia Patrón Costas que, con el fin de elaborar una repartición de tierras, llevaron a cabo un loteo que dividió la zona para usufructo de sus nuevos dueños. En la actual Casona del Molino, parte de la finca, residía el arrendatario Domingo Mosca, quien ya había tenido un hijo bautizado como Luis Mosca. Al momento del loteo, compró la propiedad a los Patrón Costas y la misma pasó a formar parte de su patrimonio personal.

En el año 1992, luego de esta larga cadena de eventos, Juan Antonio Giménez, sobrino de Luis Mosca, compró la propiedad a su tío y comenzó con su reacondicionamiento, teniendo en cuenta que su dueño la había mantenido deshabitada por un periodo de casi treinta años. En 1994, y tras una serie de modificaciones estructurales, se abrió por primera vez al público La Casona del Molino –bautizada así por la zona conocida como Alto Molino– como un *pub* folclórico, de estilo informal y aire bohemio, con lo que se inicia una etapa de auge cultural que duraría aproximadamente hasta el año 2000.

El Paraíso

Las crónicas señalan que los primeros molinos de cereales se construyeron en 1586. En un molino se llevaba a cabo la producción de trigo y sus derivados, mientras que en el segundo se trabajaba todo lo relacionado con el maíz. Los molinos de trigo y maíz estaban ubicados en lo que actualmente es la calle San Martín al 2600, en dirección hacia el oeste tras pasar el edificio más importante de la finca, una inmensa casona emplazada una cuadra antes, bautizada en 1968 como el Mercado Artesanal.

Esta casa era la más importante de la finca. Durante la tenencia de Medeiros, funcionó como posta y hospedaje de viajeros. En tiempos de la familia Patrón, fue convertida en una curtiembre y, luego, bajo la gestión de Domingo Mosca, se transformó en una fábrica y alquiler de carruajes.

Según Juan Antonio Giménez, sobrino de Domingo Mosca, bajaba por la calle Caseros una acequia; el agua se derivaba por dos líneas separadas: una hacia los molinos para la producción y otra hacia las casas, donde regaba las fincas y se convertía en sustento para los habitantes de la zona. Uno de esos brazos cruzaba por la calle Luis Burela, lo que significaba que la Casona del Molino se encontraba bordeada en dos de sus lados por esta corriente de agua.

Cruzando la acequia en dirección hacia el este, frente a la Casona del Molino, se encontraba un rancho de adobe con un algarrobo. En ese lugar se llevaban a cabo reuniones sociales y festivas denominadas chicherías, ya que eran encuentros centrados en el consumo de chicha, una bebida alcohólica derivada del maíz que se trabajaba en los molinos. Estas reuniones no solo se celebraban específicamente en ese lugar, sino que eran una práctica muy común en la época.

Las construcciones de la finca El Paraíso tienen muchas coincidencias arquitectónicas entre sí, aunque fueron edificadas en diferentes años. La construcción más reformada es el Mercado Artesanal. Otras dos casas más antiguas, una ubicada sobre la calle Zacarías Yanci y otra frente al Mercado, fueron derribadas: la primera, para dar curso a un canal y la segunda, para la apertura de locales comerciales.

Los muros de la Casona del Molino están construidos con una mezcla de adobe —ladrillos hechos de barro— y crines de llama. Incluso hoy, los cuartos de la Casona conservan el piso original en dos de sus habitaciones. Los techos estaban construidos con paja, barro, cañas y tejas. El patio de la Casona era originalmente de tierra, con una higuera en el medio que continúa en su sitio hasta el día de hoy, junto con una vereda angosta interna hecha de piedra bola.

Actualmente, la Casona tiene seis habitaciones habilitadas al público, un patio central con una barra de atención al cliente y parrilla, y un patio trasero que se utiliza como una habitación más, pero al aire libre. Dos de las habitaciones se utilizan para la cocina, una para oficina y otra funciona como la vivienda de

Sammy, el casero. Los baños de uso público se encuentran al fondo, a la izquierda.

Las habitaciones de la Casona están decoradas con afiches y pósteres de distintas bandas de folclore reconocidas a través del tiempo (Román Salim, Abel Pintos, Mario Teruel, el Dúo Salteño, Dúo Tiempo, Los Nocheros). También hay artículos periodísticos sobre la vida nocturna y el bar, fotografías de ilustres visitantes con sus respectivos autógrafos, ilustraciones y fotografías de una Salta de siglos anteriores, y un poema de Manuel J. Castilla titulado "La casa" en la Sala Principal.

Las mesas características del lugar son de madera maciza y de un color marrón oscuro, con sillas de algarrobo y cuero repujado y tensado. Estas se diferencian de las del patio central, que son redondas y de plástico, con sombrillas en el centro, proporcionadas por reconocidas empresas de bebidas.

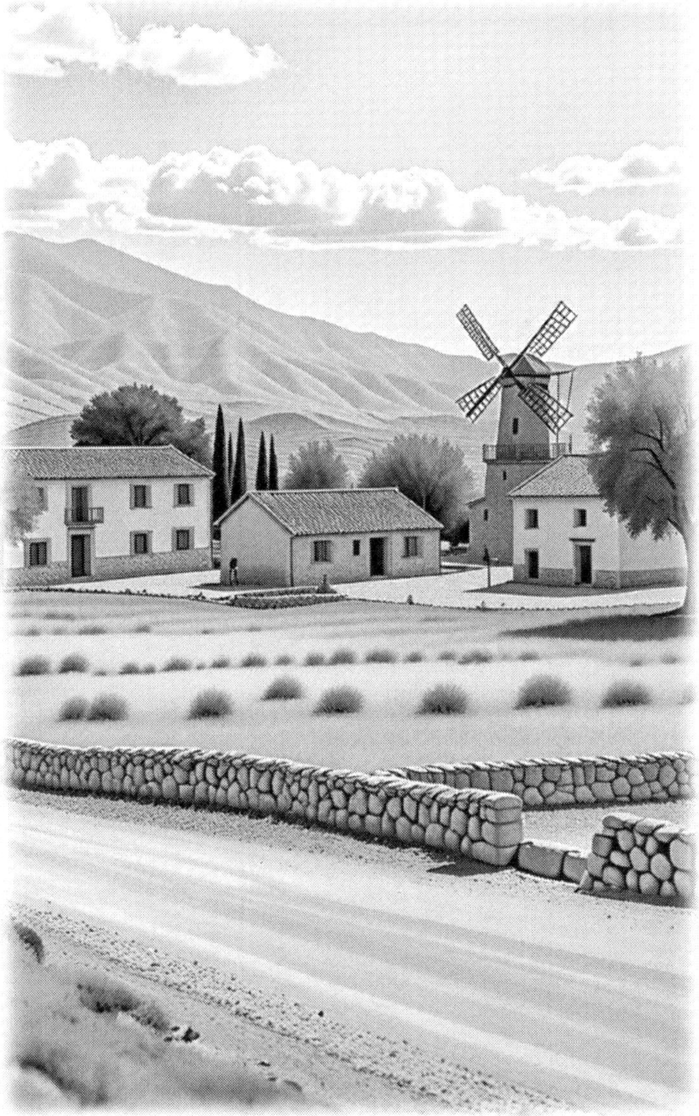

Tres amigos y un sueño

La idea primigenia del Dr. José Antonio Giménez, sobrino de Luis Mosca y propietario legal de La Casona, era comenzar con la reconstrucción del lugar luego de 30 años de estar deshabitado, con el simple fin, de habitar y reutilizar la propiedad. Sin embargo, no pasó mucho tiempo hasta que esta idea se transformó en la decisión de dejar la casa a sus hijos para que pudieran comenzar con un emprendimiento de moda en la década de 1990: la apertura de un *pub*.

Así fue como, en 1994, con tres jóvenes repletos de sueños, Sebastián Scasso, Leonardo Giménez y Mariano Lérida, La Casona abrió sus puertas como un bar de estilos variados, más relacionado al *rock* que a la música tradicional en ese momento. Sin embargo, tras un par de años en el negocio, el perfil fue variando naturalmente hacia lo folclórico, hasta convertirse oficialmente en una peña en el año 1996.

Fue una peña que, desde sus inicios, tuvo diferencias sustanciales con otros locales de la ciudad de Salta que estaban más orientados a montar un espectáculo para el turismo en escenarios con cuerpos artísticos ubicados en una escena de tipo teatral. En La Casona se adoptó el formato de peña libre como ocurría en las antiguas chicherías de la zona, donde cada persona podía tocar libremente un instrumento y cantar para los demás asistentes sin una mediación económica de por medio. Esto rápidamente la convirtió en el *refugio* de cantores y poetas, cuyas prácticas fueron muy cultivadas históricamente en la zona del Valle de Lerma. Es de recalcar que este sentido primario, en el cual se basa la ideología de La Casona, se mantiene aún hoy en día y es el elemento distintivo respecto de cualquier otro local gastronómico con espectáculos en la ciudad de Salta. Aunque no fue concebida tal cual existe hoy, la mística generada posteriormente se ha reforzado como un elemento clave a la hora de hablar de La Casona.

A La Casona acude, sobre todo, la persona con *alma de artista*, aquel que gusta de cantar, tocar algún instrumento o recitar coplas y poemas, tal vez de modo profesional o por el simple gusto de expresarse y tomarse algo mientras toca la guitarra. Figuras reconocidas del ambiente artístico nacional eligen también La Casona como un lugar donde pueden encontrarse con un ambiente tranquilo y lejos del reconocimiento social que tienen por su actividad. Ciertamente, parte de la *magia* de La Casona reside en la capacidad de igualar, en tanto hablemos de estatus sociales, a las personas como pares que disfrutan de una misma actividad, sin importar el lugar que ocupen en el ambiente profesional o de reconocimiento social.

Los turistas, tanto nacionales como internacionales, también son concurrentes asiduos a La Casona. A pesar de que no está pensada para esta clase de visitantes, esa misma autenticidad la convierte en un imán irresistible.

Así es que pasamos de estar en simplemente un lugar, un edificio, a una experiencia que invita a sumergirse en la cultura salteña: aquí se degustan los sabores originales y se vive la guitarreada en su máxima expresión. Esta autenticidad es la que, a la vez, le da un aura mística, donde las relaciones fraternales y las historias que emergen adquieren un matiz fuera de la norma. Al cruzar sus puertas, uno no solo se encuentra con música y comida, sino con el latido mismo de la cultura, en una celebración constante de lo que significa realmente pertenecer a esta tierra, seas o no seas realmente de allí.

Un sector importante del edificio es ocupado por los jóvenes salteños que pueblan las habitaciones con sus instrumentos, voces y hasta danzas. Mientras que los adultos tienden a permanecer en grupos más tranquilos, ya sean familiares o de amigos cercanos, la energía juvenil inunda cada rincón del lugar. Con un ímpetu arrollador, estos jóvenes músicos se desplazan de una sala a otra, intercambiando cortesías por piezas musicales y construyendo relaciones espontáneas sin necesidad de conocerse previamente ni de ensayar. En este vivaz entorno, lo que realmente importa no es la perfección vocal, sino la pasión y el volumen con el que se canta. *Cantar fuerte* es una de las características más queridas y valoradas por todos los que asisten. Cada voz, afinada o no, añade una capa única a la atmósfera festiva que se vive en La Casona.

Me gustaría terminar este acercamiento a La Casona contando una breve historia muy particular que ocurre entre estas paredes. En un cuarto que no se abre al público vive Sammy, un inglés de ojos celestes nacido en Yorkshire, al norte de Inglaterra, que viste a diario su sombrero de ala ancha, recita poesía y canta cada una de las canciones del folclore argentino.

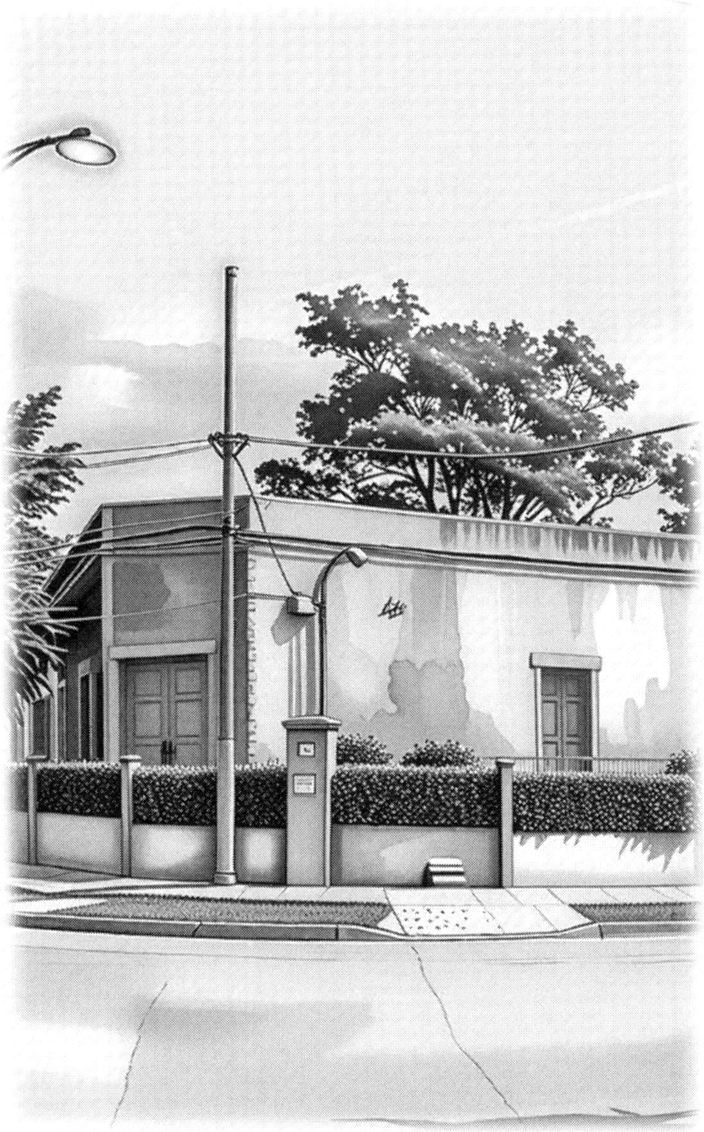

De pieza en pieza, se lo ve algunas noches con su cancionero en mano. Cuenta Sammy:

> Yo tenía un negocio en un Parque Nacional que me permitía viajar cuatro veces por año. Estuve en Perú, Bolivia, y cuando llegué a Salta me sentí completamente en casa. Era un amor a primera vista. En 2002 sufrí mucho por la crisis económica, y estuve en bancarrota. Entonces volví a Inglaterra gracias a un pasaje brindado por mi hermano, y me quedé allí 8 meses.
>
> 8 meses lloré todas las noches. Ahorré lo suficiente para volver a Salta, pasé dos meses en un residencial, y una noche uno de los dueños de esta hermosa casa me dijo: "Tu pieza está esperándote". Entonces ahora yo tengo un nido de amor al lado de la oficina. Y ahora hace 8 años que estoy acá. ¡Qué privilegio vivir en esta casa! ¡Aquí en Salta hay tanto talento! No sé por qué, es como Liverpool en los años 60, donde estaban todos los grupos como los Beatles. Acá en Salta, están creciendo por el suelo; si no cantan, tocan o escriben.

El viaje cualitativo

Para entender y capturar la esencia de La Casona y las guitarreadas salteñas, adopté una metodología cualitativa. En las ciencias sociales trabajamos con este enfoque, ya que buscamos explorar y resonar con los sentidos construidos por los propios actores. Me interesaba más bucear en la profundidad de las percepciones y experiencias personales que simplemente cuantificar datos.

La lógica cualitativa es fascinante. En lugar de buscar verdades universales, nos centramos en comprender la complejidad y la dialéctica de lo social, que está en perpetuo movimiento y contradicción; es decir, no es un objeto de estudio estático. Mi objetivo era penetrar en los significados y procesos históricos que dan forma a las vidas de las personas y sus comunidades. Este método busca una comprensión holística del fenómeno adoptando un enfoque donde lo subjetivo no solo se acepta, sino que se considera como una rica fuente de conocimiento.

Es cierto que al embarcarme en esta aventura tuve que dejar de lado la idea de neutralidad y reconocer que, como investigador, inevitablemente estaba implicado en la realidad que estudiaba. Así fue que, para recolectar mis datos, seguí dos líneas de acción fundamentales. Primero, me aseguré de intervenir en el campo de una manera social y no invasiva. Este punto no era muy difícil para mí, ya que era un asiduo recurrente a La Casona por gusto propio. Pero aun así, tenía que lograr que los informantes se sintieran cómodos y aceptaran mi presencia. Este primer paso fue crucial, pues me permitiría ganar la confianza necesaria para obtener información genuina.

La segunda fase consistía en usar diversas técnicas y estrategias para obtener datos. Las entrevistas en profundidad y la observación participante fueron las principales herramientas que elegí para esta labor. Quería estar presente en La Casona, no solo como observador, sino como participante activo y vivir la experiencia de las guitarreadas junto a las personas que dan vida a la tradición en la práctica.

A través de este enfoque cualitativo, pude reconstruir la conducta humana en su entorno natural y capturar lo que la gente decía y hacía. De esta manera, cada nota y cada conversación me acercaron un paso más a entender el verdadero sentido de la guitarreada en La Casona. Para que se comprenda mejor, una entrevista en profundidad no es un cuestionario estructurado; es un formato que permite desarrollar una comprensión detallada de las experiencias de los sujetos. Estas entrevistas son, por regla general, no directivas, no estructuradas y abiertas, un formato que se asemeja muchísimo a una charla informal.

Así fue como cada noche en La Casona, armado con mi cuaderno de notas, mi guitarra, mi garganta y una grabadora de *cassettes* de mi madre, me sumergí en las conversaciones y las melodías. Observé cómo las guitarras pasaban de mano en mano, cómo las voces se unían en canciones y cómo las risas y las historias llenaban el aire. Entablé diálogos espontáneos, a veces intercambiando un trago por una canción, otras veces simplemente escuchando con atención o dando alguna que otra opinión.

Sesenta días en La Casona del Molino

Durante dos meses completos me aventuré en La Casona del Molino con un objetivo claro: tenía que documentar al máximo posible las prácticas y testimonios del lugar. Esta vez no iba como un participante más, que disfruta de las guitarreadas y el ambiente, sino con la misión de narrar lo que sucedía con lujo de detalles y de captar *lo que pasaba detrás de lo que pasaba*.

Así fue como el primer paso fue charlar con algunos personajes clave. Empecé con Rubén Cruz, uno de los administradores actuales de La Casona, que reabrió las puertas en 2022 luego de un parate de dos años, y continué con los mozos, quienes tienen historias fascinantes que contar. Luego, hablé con el Dr. Giménez, el propietario actual, quien me ayudó a rearmar la historia desde tiempos bastante lejanos. Tuve increíbles sesiones con una hermosa y gran artista como la Moro Teruel, a quien admiro muchísimo y tuve la suerte de conocer, y muchas noches con varios amigos casoneros asiduos. Ellos fueron, por supuesto, el corazón vibrante de mis escritos.

El movimiento en La Casona arranca temprano, cerca de las ocho de la noche, cuando los trabajadores empiezan a preparar todo para recibir al público. En el primer horario, el más temprano, es común ver a muchos turistas visitando el lugar. Vienen en busca de una cena que, más allá de lo gastronómico, les ofrezca una experiencia única a nivel de sabores locales. Se los puede ver usualmente en parejas o en grupos de más de tres personas. Claro que también van solos. Más de una vez he entablado conversaciones con algunos solitarios que se acercan a las mesas tímidamente o son invitados por los que ya estamos allí. Los turistas llegan de todas partes: de diferentes provincias argentinas, otros países sudamericanos, Estados Unidos, Europa y hasta China, por nombrar tales extremos del mundo y culturas tan diversas.

Así es que, durante las primeras horas, entre las nueve y las doce de la noche, La Casona tiene un clima tranquilo. La gente charla con un tono de voz moderado y la música ambiental, siempre folclórica, da el toque perfecto sin necesidad de instrumentos en vivo. Dependiendo del clima, las salas pueden estar llenas, especialmente en invierno, o la gente puede dispersarse por el patio en las noches de verano, que suelen ser las más concurridas del año.

Los días de la semana también marcan una diferencia en el ambiente. Los jueves, viernes y sábados, La Casona está más llena. El resto de los días, excepto los lunes que está cerrada, es más fácil encontrar un ambiente tranquilo, con mesas disponibles y menos ruido. Es en estos días más serenos cuando uno puede toparse con figuras reconocidas del ambiente musical argentino. Para ellos, La Casona es un refugio donde no están bajo constante asedio de *fans* que buscan fotos o autógrafos, algo que sí les ocurre en otros lugares con más frecuencia.

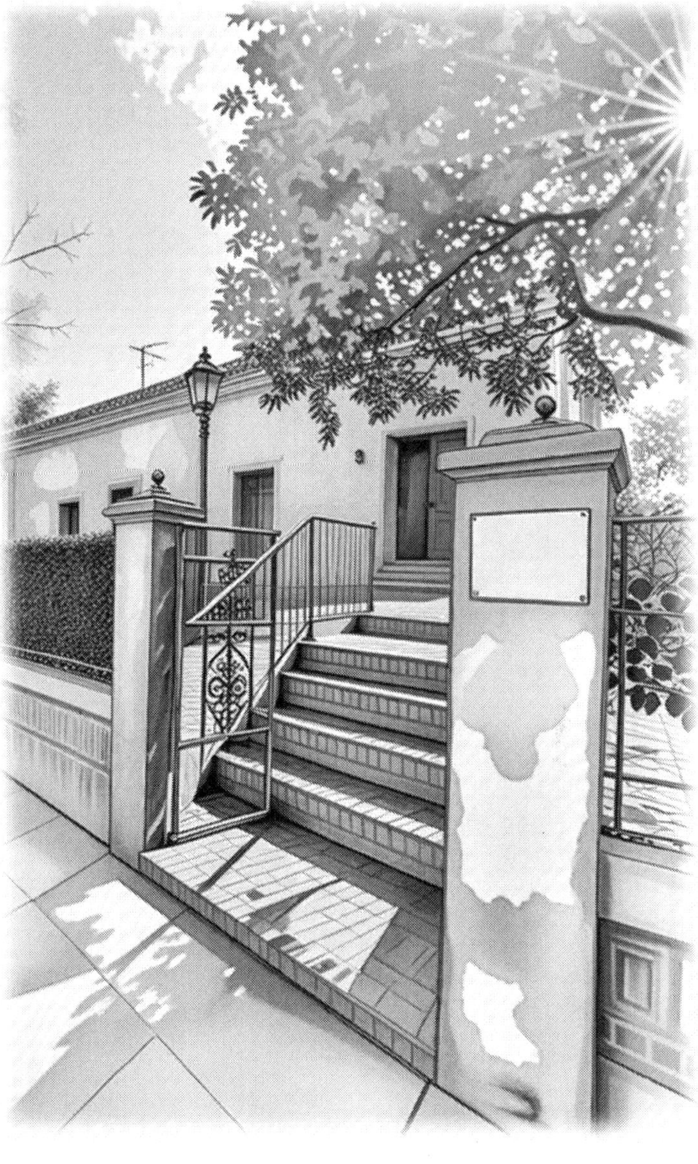

Lo que más me llamó la atención a primera vista fue el sentimiento de paridad y compañerismo que comparten todos los músicos que frecuentan La Casona, sin importar la fama que tengan. Aquí, todos son iguales y disfrutan de la música de una manera auténtica y sencilla.

Si tengo que hablar de la gastronomía, La Casona del Molino ofrece la oportunidad de degustar delicias regionales como humitas, tamales, asado, empanadas y locro, todo acompañado de una variada selección de vinos embotellados, sangría casera, gaseosas, cerveza o agua mineral. De postre, no faltan los dulces típicos como el membrillo y la batata, leche planchada y opciones más comunes como flanes y helados. Mientras se cena, la experiencia es similar a la de cualquier otro restaurante tradicional, con la excepción del ambiente temático que te transporta a una casa antigua, dándole un toque romántico y nostálgico a la vez.

Por supuesto, no todos los que llegan a La Casona temprano son turistas. Muchos salteños disfrutan de este espacio, especialmente los que buscan charlar tranquilamente y comer en paz, ya sea con amigos o en familia.

Si nos paramos un momento a observar el espacio, nos damos cuenta de que la disposición física de los visitantes está muy influenciada por la arquitectura de la casa, que conserva la esencia de un hogar antiguo con distintas habitaciones, algunas separadas por puertas, otras no. Esta configuración permite que se creen microclimas únicos a lo largo de la noche. Los techos y pisos originales de La Casona ayudan a mantener un particular encanto en las seis habitaciones y dos patios disponibles abiertos al público.

Cada una de estas habitaciones tiene su propia historia. La primera, conocida como "La Primera" o la "Sala del Piano", tiene un piano antiguo que, según el mito, perteneció al compositor salteño Gustavo *Cuchi* Leguizamón, aunque nadie ha podido probar tal declaración. Esta es la pieza más grande y cuenta además con una gran barra de madera con fácilmente un centenar de botellas de distintos elixires alcohólicos, además de estar adornada con una colección de cuadros con fotos de artistas que alguna vez visitaron el lugar, y afiches de agrupaciones folclóricas clásicas que ya no existen, pero que dejaron su huella en la historia del folclore argentino.

La segunda habitación, apodada "La del Medio" o "La de Abajo", está dos escalones más abajo que la primera y es la más pequeña de toda La Casona. Originalmente, era un pasillo que servía de nexo entre dos habitaciones cercanas.

Al final de esta primera parte está "La Mandinga", la habitación más significativa para los músicos y concurrentes locales. Le debe su nombre a la forma en la que en el norte se hace referencia al diablo, y es una sala apartada del resto, aislada por una puerta de madera con salida independiente hacia una de las esquinas del edificio. Esta habitación cuenta con decoraciones similares a la primera, pero está pintada de un fuerte color azafrán, incluyendo un poema grabado en cuero del poeta Manuel J. Castilla, que precisamente habla del Mandinga como un personaje referencial. Increíblemente, en esta historia de entrecruzamientos culturales, los mandinga (o mandingos) son un grupo étnico de África Occidental que antaño fue llevado a América como parte del comercio transatlántico de esclavos. Debido a un proceso de hibridación cultural y a una fuerte carga de significado relacionada al color de la piel, el término evolucionó de ser un nombre étnico a convertirse en un símbolo del diablo o de un espíritu maligno.

Las tres habitaciones restantes, situadas en el ala derecha de La Casona, están conectadas entre sí. Al medio hay un pequeño baño, y también cuentan con una salida interna al patio de La Casona. En este patio, se encuentran mesas redondas con sillas de plástico que, aunque diferentes a las mesas de algarrobo macizo y las sillas de cuero del resto del lugar, mantienen la estética del sitio.

El patio también alberga una parrilla de gran tamaño, una higuera imponente y la conexión a otro patio trasero que colinda con los baños. Cuando el lugar está lleno, suelen ubicar a los asistentes más allá del pavimento del patio trasero, en áreas donde las mesas ya están directamente sobre la tierra. Todo depende, como mencioné antes, del día y la hora.

Por otro lado, en el ala izquierda de La Casona, están la cocina, una oficina y una habitación ocupada por Sammy, el sereno inglés enamorado de Salta que decidió quedarse a vivir allí.

A lo largo de la noche, La Casona se convierte en un refugio para músicos, artistas y poetas, pero no es una condición excluyente. De hecho, casi nada es excluyente; no necesitas tener dinero para disfrutar de La Casona si tus dotes artísticos son buenos. A menudo, los músicos son invitados por otras personas con bebidas o comidas una vez que han interpretado sus canciones. Además, como la concurrencia es en grupos, si algún miembro no puede aportar económicamente, el mismo grupo se encarga a veces de cubrir los gastos.

A La Casona tampoco se va de esmoquin. Puedes ver a personas con un estilo campestre llevando alpargatas, bombachas de gaucho a menudo de estilo sureño, boinas y camisas. También hay quienes eligen un clásico conjunto de *jeans* y remeras, sobre todo los más jóvenes, y no faltan aquellos con un estilo más bohemio, como mochileros y músicos itinerantes.

Con la llegada de la medianoche, como si se tratase de una hora señalada, comienza a notarse un auténtico cambio en la textura del ambiente, y La Casona empieza a transformarse. Los turistas que llegaron temprano para cenar comienzan a retirarse. Generalmente, esto sucede con las personas de mayor edad, mientras que los más jóvenes suelen quedarse, conservando sus lugares o aprovechando la oportunidad para buscar algún sitio mejor. Incluso muchas personas podrían haber estado esperando en la puerta sin poder ingresar debido al cierre temporal del acceso, que se realiza una vez que el local alcanza su capacidad máxima. Sin esta renovación de gente, muchos quedarían afuera a partir de la medianoche.

Esta es la hora favorita de los músicos. Empiezan a llegar, a saludarse y a ubicarse en los distintos sectores de La Casona según cuánto espacio encuentren y la cantidad de amigos que hayan ido juntos. Los grupos que llegan no se disuelven; más bien, reorganizan el espacio físico moviendo mesas o juntando sillas para sentarse todos juntos. Si un grupo necesita más espacio, otras personas ceden parte del suyo con gusto, ya que lo importante es que todos puedan entrar y compartir juntos. Esta buena disposición a ceder aumenta si la nueva persona trae consigo un instrumento musical, señal de que probablemente interpretará varias canciones esa noche.

Algunos músicos prefieren quedarse en un lugar específico y compartir con sus amigos; otros, más itinerantes, recorren La Casona con su instrumento para compartir música con más gente de manera más activa. Interpretan dos o tres canciones en un lugar y luego se mueven a otro.

Con el movimiento pasan las horas y la interacción entre los grupos siempre es fluida. Los músicos y sus amigos se ubican formando un círculo alrededor de las mesas, lo que les permite hablar entre sí con facilidad y con otros grupos, o de ampliar en algún momento a un solo gran círculo, donde todos pueden verse y comunicarse. Los músicos comienzan a cantar y tocar, respetando siempre la regla de una sola pieza musical a la vez por cada habitación. En una pieza se puede estar tocando una zamba y en otra una chacarera al mismo tiempo, pero nunca dos canciones simultáneas en la misma habitación, ya que esto es visto como una falta de respeto hacia quien está interpretando. Cada persona tiene su turno para cantar o tocar, y cualquiera puede unirse a cantar en todo momento. Sin embargo, no se permite entonar diferentes canciones al mismo tiempo.

Al finalizar cada canción, toda la gente en la habitación aplaude al intérprete y espera a que el siguiente cante. No hay un orden fijo para cantar, aunque puede surgir un ida y vuelta entre dos cantores, a lo que usualmente llamamos contrapunto. En la mayoría de los casos, canta aquel que ya ha preparado y elegido la siguiente canción.

La guitarreada se extiende con la noche hasta la hora de cierre, que es cerca de las cinco de la mañana. Una hora antes, se corta el expendio de bebidas alcohólicas, por lo que la gente se apresura a hacer sus pedidos antes del cierre. Entre los jóvenes es común dividir los gastos de manera conjunta, a diferencia de las salidas entre parejas o adultos, que generalmente pagan lo que consumen individualmente, a menos que se trate de una invitación.

Cuando el espacio lo permite, también se puede bailar. Si alguien siente ganas de bailar al compás de la música, puede hacerlo y, de hecho, suele recibir la aprobación y los halagos de los demás. El baile es más común en lugares amplios como "La Mandinga" o el patio trasero, aunque cuando las ganas llegan, cualquier lugar es bueno.

Ya casi al final, cerca de las cuatro de la mañana, después de que la mayoría del público se ha retirado, los músicos que están dispersos por las distintas habitaciones se reúnen en una o dos piezas para continuar la guitarreada. La Sala del Piano suele ser el lugar elegido para este grupo que se queda tocando hasta el cierre. Es el personal de La Casona quien se encarga de invitar amablemente a los comensales a retirarse, quienes se van con una sonrisa en el rostro y varios tragos encima.

Es hora de ir a dormir para la mayoría, aunque alguno quizá pronto deba entrar a trabajar, dependiendo de si han disfrutado lo justo o si se han dejado embriagar esa noche por el espíritu de La Casona.

CAPÍTULO 3

Imaginarios y realidades: la cultura viva

A lo largo de las páginas precedentes, he procurado introducirte a La Casona del Molino explorando su arquitectura, respirando el aire de sus patios y salas, y sintiendo la vibrante energía que emana de las personas que la habitan. Ahora estamos listos para embarcarnos en un viaje aún más profundo, para lo cual debo contarte un poco acerca de lo que es la escritura etnográfica.

La etnografía es una herramienta poderosa que permite comprender las realidades sociales desde *adentro*. Nos da la capacidad de descifrar el tejido de significados y significantes que conforman una cultura o subcultura. No solo podemos describir a los visitantes de La Casona por lo que ven y hacen, sino que también desvelaremos los imaginarios y representaciones que moldean sus prácticas y percepciones.

Los imaginarios sociales representan las construcciones colectivas que los visitantes de La Casona tienen acerca de su propio espacio cultural. Aquí examinamos cómo La Casona es percibida como un oasis musical, un refugio para la bohemia y un símbolo de autenticidad cultural.

Cada cultura tiene sus prácticas diarias y rituales especiales que la definen. Nos enfocaremos en las interacciones sociales, las performances musicales y los rituales de convivencia que configuran la vida en La Casona. Exploraremos también cómo se representan y negocian las identidades individuales y colectivas en este espacio, desde la vestimenta hasta las elecciones musicales, incluyendo cómo estos elementos refuerzan, desafían y reconfiguran las percepciones de lo que significa ser parte de este microcosmos cultural. Aunque local, este microcosmos personifica imaginarios y representaciones que tienen resonancias universales; por lo tanto, nos representan a todos en algún punto.

Las voces de los participantes nos guiarán.

¿Qué es La Casona?

Eran alrededor de las 7 de la tarde y la esporádica resolana proveniente de los cerros iluminaba con algunos tonos dorados las paredes rojas de la sala del piano. Alrededor de diez mesas de madera oscura estaban distribuidas en la habitación, todavía vacías, con una barra bien surtida de vinos y licores al lado del piano, que esparcía una cierta reminiscencia de tiempos anteriores, recordando a esas antiguas pulperías por su contenido y por la leve capa de polvo que tenía.

Nos sentamos alrededor de una de las mesas más grandes, a la espera de unas empanadas y una gaseosa para mitigar el hambre tempranero. Nos encontrábamos por primera vez, convocados por mí para dar vida a esta historia, quienes seríamos de ahora en adelante *los casoneros* como habíamos convenido llamarnos:

Joaquín, Roberto, Mariana, Pedro, Rubén, Cristina y yo, los siete que teníamos sobre la espalda varias noches de guitarra y amigos en esas habitaciones.

Era jueves. Nos íbamos a juntar a hablar acerca de la Casona en sí. Muchos de los chicos no conocían la historia de la casa, así que les había prometido que, en el transcurso de la tarde, les contaría un poco de lo que había investigado. Pero lo que más me interesaba saber era si para ellos las partes de La Casona tenían significados distintos o no. ¿Qué era La Casona para ellos? ¿Era solo un bar, un punto de encuentro?

Nos reunimos en la sala La Mandinga, la que da a la esquina sobre calle Caseros. Era ese lugar donde, de noche, las puertas siempre están abiertas y las voces de los cantores salen disparadas hacia la ciudad. La luz tenue y el olor a madera nos envolvían mientras nos acomodábamos en nuestras sillas, ansiosos por compartir la tarde.

—Bueno, chicos —comencé, tomando un sorbo de mate—, hoy quiero que hablemos de lo que significa La Casona para ustedes. Cada rincón de este lugar, ¿tiene algún significado especial?

Un silencio expectante llenó la sala por un momento. Luego, Pedro rompió el hielo.

—La Casona es un lugar clásico para la gente de Salta —dijo, con una media sonrisa—. Para muchos de nosotros, es verdaderamente un templo del folclore... un lugar maravilloso definido por nuestros sentimientos y emociones. Es un territorio con esa magia plena del folclore, donde podés expresarte libremente.

—Sí, cualquiera que tenga ganas puede tocar, cantar o bailar, sepa o no hacerlo —aportó vigorosamente Roberto con admiración—. Es el lugar donde se escuchan los verdaderos cantores, los apasionados por cantar, que encuentran aquí la oportunidad de compartir su arte. La Casona tiene vibraciones muy fuertes. Es algo muy particular, único, diferente a cualquier otro tipo de expresión comercial asociada al folclore en la ciudad.

—Exacto —respondió Joaquín—. Aquí es muy difícil hacer *marketing* como cantor porque estamos en igualdad de condiciones todas las mesas cantoras. Todos queremos mostrar algo, proponer algo. Por eso, termina siendo un lugar para todos.

—Bueno, a ver, es una casona que tiene sus años, tiene su historia y que por algún motivo ha quedado en pie —reflexionó Roberto, mirando al techo como buscando ese motivo en las vigas de madera originales de la casa—. Tal vez porque fue hecha con cariño, con algún propósito que hoy desconocemos, pero que nos llega de alguna manera.

Mariana, que estaba escuchando atenta comentó:

—Yo siento que, para los más conectados a sus emociones, La Casona es también un espacio de relax, de terapia, que brinda la posibilidad de sentirse bien con uno mismo. Porque es algo que verdaderamente te llena —confesó con una sonrisa melancólica—. Inclusive en noches de nostalgia y soledad, difumina esos sentimientos raros que a veces me acompañan. Ya sea una charla amena con amigos y algún vino o una guitarreada al aire libre en el patio.

Mariana se levantó de su silla en un brote de entusiasmo y se puso de repente a dar vueltas por la sala mientras miraba los afiches en las paredes.

—Para algunos jóvenes más orientados a un estilo de vida austero y de viajes constantes, La Casona representa en sí misma una oportunidad —explicó—. Es una puertita o una ventana hacia el mundo y un intercambio cultural grandísimo. Incluso se puede generar un contacto directo con alguien que admirás, compartir una guitarreada ¡o una canción con alguien que viste en la tele!

Todos asintieron.

—Es verdad, y yo te digo como profe de música, las guitarreadas que se viven aquí son también una escuela musical donde se aprende constantemente —señaló Joaquín—. Se estudia jugando, sin el miedo de equivocarte. Y está bueno equivocarse, para tratar de no equivocarse luego en el escenario. Ahí uno aprende, y va aprendiendo cada noche más, cada día más. Además, si uno busca divertirse, es una buena opción para el bolsillo y para escuchar, para pasarla bien.

Roberto, que había estado escuchando atento hasta el momento, dejó pasar unos segundos de silencio antes de hablar.

—Es una experiencia amorosa —dijo—. El amor se siente, se siente en todas sus expresiones: por la música, por las personas y por cualquier cosa material o no que reciba el sentimiento de amor de una persona.

Yo no podía estar más de acuerdo con esa última expresión. Guardé el lápiz un momento y revisé que aún funcionara la vieja grabadora de *cassettes* que mi madre me había prestado para la ocasión. Era agradable quedarse en silencio después de compartir algunas cosas que tenían una profundidad distinta a las charlas habituales. De tanto en tanto, siempre salían historias personales en los relatos, lo que evidenciaba que para cada uno de ellos las mismas cosas que vivían tenían significados muy distintos.

—¿Y qué pasa en la Casona? ¿Cómo me lo describirían? —pregunté.

—En la Casona pasan cosas geniales, siempre y en todo momento —dijo Rubén que hablaba por primera vez—. La pasás bien, no hay vuelta que darle —me aseguró, con esa firmeza que caracteriza a alguien que parece no tener ninguna duda de lo que está diciendo.

Mariana, que ahora se había sentado cerca de la puerta, se unió a la conversación con una chispa nueva en los ojos.

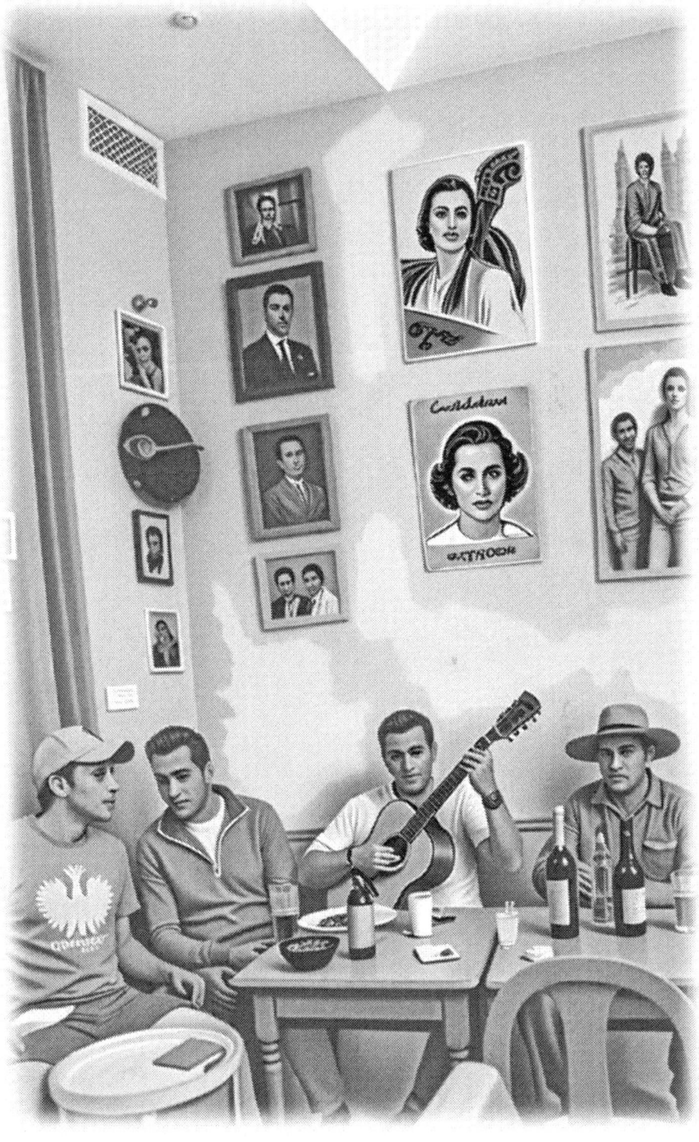

—Para algunos es misteriosa, es tan incierta que es como ir a "uy, a ver qué va a pasar hoy" —compartió, con una risa picarona—. El solo hecho de entrar a la Casona ya genera un sentimiento raro y una inevitable atracción. Es un lugar que, aunque no lo elijas, te lleva solito, te tira, y vos agarrás ese rumbo y caés ahí.

—A mí me genera ansiedad al momento de llegar y cierta templanza al estar ya dentro sentado en mi lugar —dijo Rubén—. Vos ves a alguien que conocés que canta bien y decís: "Nooo, acá tengo que hacerla bien". ¡Y ya estás machao[4] y no sabés cómo hacer para cantar mejor! —exclamó entre risas que nos contagiaron a todos.

Hay un fenómeno particular que se da en estos momentos de fiesta en donde las *máscaras* que llevamos en el día a día, aquellas que nos construimos en base a nuestra personalidad y nuestros roles sociales, tienden a desaparecer. Y en las guitarreadas hay una fuerte presencia de esta *regla*.

—La Casona genera en la gente un sentimiento de igualdad en las personas —intervino Cristina, que se sumaba a la conversación después de algunos minutos—. Yo entiendo que es la evidencia de cuán cómodo se siente el rey sin su corona. Aquí no hay reyes, no hay súbditos. Y a los que están un poco más arriba porque son más conocidos, compartir el canto, la guitarra, el violín, una chacarera, con un chico que está comenzando, todo eso les sabe a igual. Incluso es un aliciente y un motivador porque siempre el cantor, ya sea *amateur* o

---

[4] Sinónimo de borracho.

profesional, se da el gustazo de recibir el cariño de la gente que lo escucha. La gente te abraza, te aplaude, te quiere, te incentiva, te lleva a continuar con esa locura linda —agregó con una sonrisa.

Asentí mientras tomaba algunas notas, consciente de la potencia de sus palabras por haberlas vivido en primera persona. Era uno de los rasgos más característicos de guitarrear en La Casona. Roberto, animado por lo que había dicho Cristina, agregó:

—Claro, es que no hay ningún tipo de restricción a la hora de hacerlo. Directamente canta aquel que canta bien, el que canta mal, y los dos quizás lo hacen con el mismo ímpetu, las mismas ganas.

—Eso es, creo que así te saca lo bueno que todos tenemos en común —continuó Cristina.

—Totalmente. Yo siento que todas las cosas que pasan aquí son auténticas; es como que no hay nada encubierto —dijo Roberto—. A diferencia de otras peñas que tienen *shows* armados, con escenarios montados, baile con coreografía y todas esas cosas.

—Es verdad, no es como en otros lugares. Hay gente que viene sola y nos hacemos amigos en la Casona —dijo Mariana, sumándose a la conversación—. Conozco mucha gente del ambiente, de venir, por salir a tocar algo, despuntar el vicio, como se dice, empezar a cantar, sumarte a la guitarreada, y de ahí enganchar alguna relación de amistad o de conocido.

—No hay día que no haya una guitarra que suene aquí adentro. Se hizo en Salta tan popular que esa salteñidad está presente siempre —añadió Roberto.

Joaquín, que había estado ocupado afinando la guitarra, se sumó de pronto a la conversación.

—Hay una diversidad y una generosidad cultural muy amplias aquí. Por algún motivo, todos son amigos, todos son amigos de todos. Y eso es el gancho perfecto para volver en busca de la misma experiencia.

—Claro! —dijo Roberto—. Si sos amigo de todos, todos se ríen con vos, te tratan bien y te sonríen cuando entrás, vas a volver sí o sí —comentó medio entre risas—. No importa si la intención es hacer amigos o no, quienes están aquí ya te consideran amigo. Entonces ellos dan por sentado que, si estás aquí, querés escucharlos, cantar con ellos, tomar del vino que te están pasando, o probar la piedra de yista[5] que te están convidando.

—Es como dicen, una persona puede ir sola a La Casona y salir llena de amigos —concluyó Joaquín, mientras nos miraba como ratificando que a nosotros nos había pasado algo parecido.

—Es música de tu tierra, y es cantada por la gente de tu tierra, y la gente significa más que el lugar donde naciste —dijo

---

[5] La piedra de yista (o *llipta*) es una sustancia mineral alcalina, en piedra o en polvo, que se utiliza en los Andes centrales para acompañar a la práctica ancestral del coqueo. La palabra aparece escrita de muchas maneras, pero siempre en referencia a la misma sustancia y hábito.

Roberto—. Te sentís en casa, te sentís en familia. Así, con el transcurso del tiempo y a medida que pasan los años, vas creando un lazo afectivo con el lugar. Definitivamente, guitarreando en la Casona vas a sentir un montón de cosas, pero sobre todo te vas a sentir feliz.

Yo escuchaba atento, y comprendía un poco más hasta qué punto La Casona del Molino era mucho más que un simple lugar de encuentro como podía serlo un bar al que nos guste ir con amigos. Era un espacio donde nos encontrábamos a otro nivel, a un nivel de vibración distinto, un encuentro *álmico* decíamos a veces, donde cada canción, cada risa y cada abrazo fortalecían el entramado que tanto apreciábamos. La Casona era, sin duda, un refugio donde todos sentíamos que pertenecíamos.

La sociedad, Salta y los salteños

Recuerdo que durante esos días habíamos estado alborotados por algunas noticias relacionadas con la política, no recuerdo exactamente qué, pero se empezaban a ver signos, en las conversaciones, de pensamientos cada vez más antagónicos en las personas. El argentino es por naturaleza discutidor: nos apasionamos cuando estamos discutiendo alguna idea, pero si nos identificamos con ella, la pasión puede llegar a desbordarse. Es un rasgo que a veces nos da felicidad y otras veces algunos malentendidos. Estábamos hablando en ese tono cuando

Joaquín, que era uno de los casoneros más apasionados, comenzó con todo.

—No puede ser, hermano. Para mí, la sociedad está muy desorganizada, muy enquilombada. Todos los días un problema, no se puede vivir.

—El problema que tenemos es que la sociedad crece a un ritmo mucho más superior al que crece su conciencia —continuó— Crece en número, pero no crece en valores, costumbres, en tolerancia. Al ser más, cada vez es más intolerante —reflexionó mientras afinaba su guitarra como queriendo hacer algo con las manos para canalizar un poco la ansiedad.

Los demás asentimos. Cada uno estaba sumido en sus propias reflexiones y también en una especie de timidez inicial cuando salen en la mesa temas más polémicos. Y es que, para ellos, la coexistencia ideal se encontraba quizá en la aceptación mutua, un escenario distante de los juicios constantes que imperan en nuestro día a día.

—La sociedad juzga todo el tiempo. Yo lo hago todo el tiempo —admitió Rubén—. Por ropa, por costumbre, por forma de hablar, de pensar, de caminar, de vestirse. Todo el mundo te juzga. La sociedad se contradice en lo más básico: la convivencia, la aceptación de que todos somos diferentes.

Pedro, que estaba sentado a su lado, añadió mientras compartía el mate:

—A veces, no es conveniente meterse en el ambiente de las malas noticias que rodean a los medios de comunicación porque te bajonean —reflexionó—. Cuando te metés con algo así te volvés loco. Nosotros siempre tratamos de hacer algo desde nuestro punto poder ayudar de alguna manera —dijo con una mezcla de lo que intentaba ser convicción, pero era más duda.

Intrigado, entonces, por su opinión sobre la política, les pregunté:

—Y la política, ¿cómo la ven ustedes?

Rubén, siempre incisivo, comentó:

—¡Uf! Bueno, la política en sí es un arte que ha sufrido una desvalorización importante en las últimas décadas en este país. Hoy en día, yo creo que se percibe como oligarquizada, algo muy similar a la política que había en los años del virreinato del Río de la Plata. Porque sigue habiendo dos o tres que son los *recontra generales*, y tres o cuatro que se están cagando de hambre. A la gente con necesidades no hay que darle todo hecho porque estás fomentando la vagancia —concluyó mezclando un poco sus argumentos con desencanto.

En lo que conversábamos, unas empanadas llegaron a nuestra mesa: doce maravillas listas para ser degustadas, media docena de carne y media de queso. Así que aproveché que los muchachos se abalanzaron sobre los platos y el cambio de ambiente para hablar con Cristina, que había estado callada hasta el momento.

—Cristina, ¿vos qué pensás sobre los cambios necesarios en la sociedad?

Cristina, que tenía un perfil bastante más reflexivo, se animó a hablar:

—Yo creo que todos los cambios son absolutamente necesarios —me dijo— En cuanto vos abrís un poquitito la cabeza y cuanto más el corazón, creo que vas incorporando todas esas cosas nuevas.

Y tenía razón. En otra ocasión habíamos hablado de la necesidad de abrirse a las cosas que suceden, porque comentábamos el sentimiento de arraigo a la tierra natal, algo que ella describía como un *cordón umbilic*al imaginario que conecta a las personas con su hogar. En este proceso de desarraigo era fundamental atravesar cada uno de los cambios para poder integrar un conocimiento más profundo de nuestras raíces y nuestra identidad.

Siempre me gustaban sus respuestas porque iban un poco más allá de la visión de primera línea que teníamos varios en ese entonces.

—Y a pesar de estos desafíos y aspectos que a priori parecen negativos, ¿aún ven aspectos positivos en nuestra sociedad? —pregunté por última vez al grupo, mirando esta vez a Joaquín.

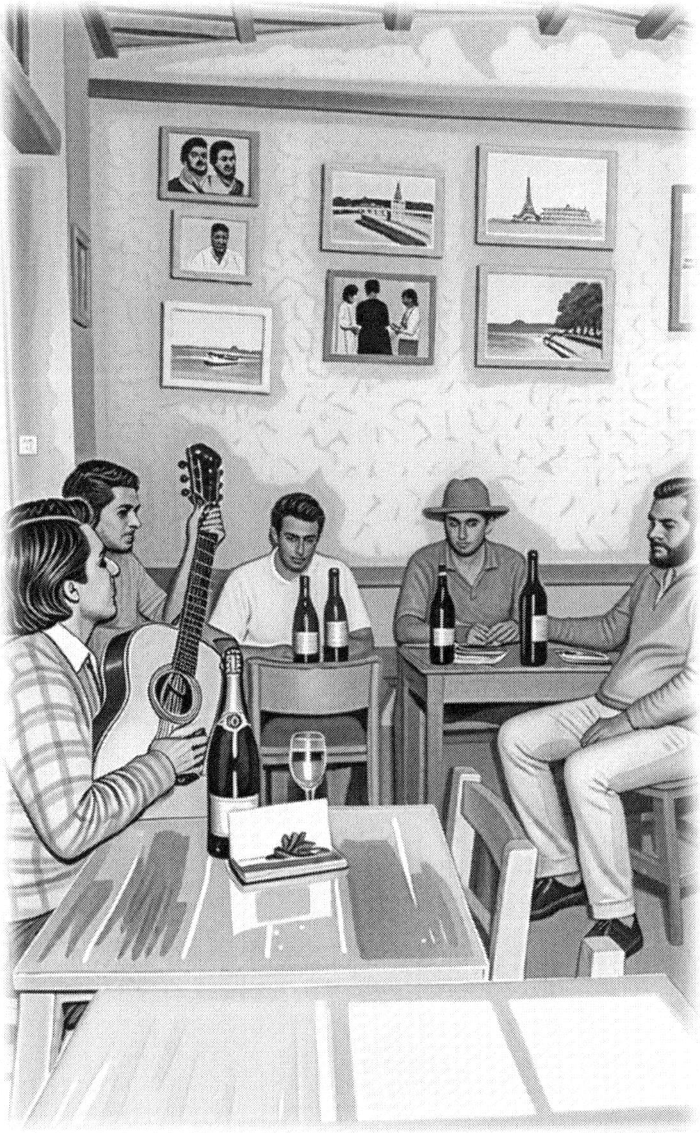

—¡Por supuesto! —afirmó—. La sociedad tiene más cosas buenas que malas. Lidiamos con una realidad compleja, pero yo estoy convencido de que de todo podemos aprender y mejorar.

En estos espacios, como La Casona, encontrábamos un refugio donde reconfigurar, reflexionar y, sobre todo, vivir aquellas costumbres y formas culturales salteñas que nos definían y articulaban nuestra identidad. Poco a poco, entonces, la charla se fue desdibujando mientras una melodía de zamba comenzaba a llenar el aire, haciendo gala de su presencia con esa melancolía que tiene el alma romántica de Salta. La política, la sociedad, los medios no eran temas que resonaran demasiado con el ambiente y la energía general. Así, la noche prometía continuar entre reflexiones profundas, pero de otro tipo, con música y el cálido amparo de las guitarras bajo las primeras estrellas que comenzaban a aparecer.

La música

El día estaba gris y la llovizna constante traía ese aire nostálgico que a veces caracteriza a la ciudad de Salta. La Casona del Molino, ese lugar que se había convertido ya en nuestro habitual refugio, estaba envuelta en ese silencio único que trae consigo la lluvia. Dentro, el ambiente era cálido y acogedor, un verdadero contraste con el otoño que hacía acto de presencia ya con fuerza. Me encontraba sentado en una de las salas del medio, donde los tonos de la madera vieja y el olor a tierra mojada me daban esa sensación de sentirme como en casa. ¡Qué pequeñas son las cosas que nos vuelven a lugares tan queridos en nuestra memoria y, sin embargo, qué grandes son los mundos a los que dan origen en nuestros recuerdos!

Frente a mí estaban Cristina y Mariana, dos apasionadas de la música —una violinista y la otra poeta y compositora—, listas para compartir sus pensamientos y unos mates conmigo. En ese instante, la puerta verde de la habitación crujió y se abrió lentamente, dando paso a Rubén, que entró todo mojado secándose la cabeza con un pañuelo.

—¡Perdón por la demora, chicos, la lluvia me retrasó un poco! —dijo sonriendo mientras se acomodaba en una silla, dejaba el paraguas en un rincón y se quitaba el abrigo.

—No te preocupes, Rubén —respondí—. Recién estábamos por empezar. Sentate.

Cristina miraba hacia la ventana totalmente perdida, vaya a saber en qué pensamientos, mientras la lluvia dibujaba caprichosos caminos sobre el vidrio.

—Saben —comenzó—, he estado pensando que la música tiene la capacidad de *siempre sumar*. No importa el estilo o las modificaciones que sufra; si es clásica, moderna, instrumental, cantada, siempre enriquece. Es como si fuera una parte del universo mismo, un material, inagotable y lleno de posibilidades, esperando a ser tomadas por el músico.

—¡Qué bonito! Totalmente de acuerdo —añadí—. Es absolutamente fascinante ver cómo la música puede potenciar a quienes la crean, hacerles sentir una energía especial, imagino como una estrella que refulge por sí misma y también que se refleja en la luz de otros.

Rubén, con gesto pensativo, asintió.

—Es verdad, la música es noble y buena. Por esencia entiendo que su tarea es embellecer, tanto al que la hace como al que la escucha.

—Para mí, la guitarra es un buen ejemplo de esto —le dije, levantando la mía con delicadeza—. Si entiendo la palabra instrumento como una herramienta, es algo que se conecta con mis emociones, como si fuera un traductor entre lo que hay dentro y una forma increíblemente hermosa de expresarla en música. La guitarra tiene una vibración especial, una conexión casi mágica con quien la toca.

—Para mí, el violín es aún más especial —dijo Mariana, quien rara vez se despegaba de su compañero de cuatro cuerdas—. Es mi forma de vida, y a veces les digo que puede volverse una adicción. Es tan delicado y requiere tanto cuidado que la relación con él se vuelve muy personal. Cuando lo toco, siento algo que no puedo encontrar de otra manera —nos contó mientras lo miraba en detalle—. No sé cómo explicarlo en palabras, es un sentimiento único.

Rubén, que estaba medio recostado en su silla y bastante cómodo, añadió:

—Aquí, en La Casona, la música es mucho más que una expresión individual; es una forma de vida colectiva. Te das cuenta de que la música se hizo para compartir, no para competir. Todos aquí colaboramos, nos entendemos y nos respetamos.

—Es verdad —dijo Mariana—. Para mí la música aquí es casi una terapia. Volví a La Casona luego de algunas cosas personales porque necesitaba encontrarme conmigo misma, reflexionar. Y la música me permitió hacer eso, me permitió reconectarme.

—Exacto —dijo Cristina—. Aquí no importa que uno sea escritor, otro abogado, médico o músico. La música nos une, nos permite compartir mucho más allá de lo que hacemos en nuestra vida diaria.

No muchos de nosotros vivían de la música, una minoría que había encontrado la forma de hacerlo como una actividad económica. En ese momento era algo que a algunos nos preocupaba; estábamos explorando las formas que podía tomar, además la mayoría estudiaba y tenía proyecciones laborales por otros rumbos. Los cuatro nos quedamos en silencio por un momento, escuchando el suave golpeteo de la lluvia contra los ventanales. La Casona había llegado a ser como un santuario hasta donde nosotros llegábamos a ver, la música curaba, unía y daba sentido a gran parte de nuestras vidas y la de otras personas. Una vez más, nos dimos cuenta de que, en ese pequeño rincón, lo que pasaba era más que una expresión artística; era una manera de vivir y de entender el mundo que nos rodeaba.

El folclore

La lluvia por su lado seguía cayendo con fuerza, como a quien no le importan los planes que uno pueda llegar a tener, con ese carácter implacable de las cosas que pasan cuando tienen que pasar, marcando el ritmo de nuestras palabras y pensamientos. Estábamos un poco preocupados porque las calles pudieran inundarse, algo que era bastante común unas cuadras más abajo, pero sabíamos que, en todo caso, podríamos quedarnos más tiempo del programado y que nadie nos iba a echar.

Rubén, siempre apasionado, nos comentó entonces:

—Más allá de lo económico, que ya lo hablamos una vez, el folclore también es un demarcante de situaciones, ¿no? No es solo la música de una región, sino que es como un complejo cultural, un conjunto de las formas de hacer y de ver que tenemos en común. Esto al final conforma la *tradición* de un lugar.

—Exacto. No es solo música —dijo Cristina—. Es como un conjunto de acciones arraigadas, las acciones cotidianas de un lugar.

Mariana, con su violín todavía en sus manos, interrumpió suavemente con una sonrisa:

—A riesgo de no haberlo estudiado, yo creo que el folclore vendría a ser algo que se mama de la zona en la que uno vive. Está en lo familiar, en los amigos, en las costumbres, en la música, en las pinturas y en las esculturas.

—Claro, eso es el folclore para mí —dijo Rubén— Es el lenguaje de cada lugar, como la tonada de salteño. Es lo que define a cada región con su música, su vestimenta... con todo. Uno sin tierra no es nada, y el folclore es nuestra tierra, nuestro hogar, nuestro suelo. Es un canal por donde se encauza una vida, una información que se transmite genéticamente, que es ancestral y que no tiene un final cercano.

Cristina lo secundó, visiblemente conmovida:

—Sí, es verdad, Rubén, me parece que no tiene un fin cercano esto. El hacer de La Casona, de las peñas, del patio de tierra, la comida del domingo y la sobremesa... es como si, aunque pasen los años y las formas o las personas cambien un poco, la esencia siempre es la misma.

Era evidente que todos compartíamos un amor profundo y vehemente por el folclore, entendido como nuestra propia historia.

—La música del folclore une a las personas —dijo Rubén—. Como amigo, te digo que el folclore para mí es la luz. No hay otro término: es luz. Porque es lo que a mí me hace, por ahí, respirar. Es algo que me abriga, que enamora profundamente. Imaginate a alguien que no sabe nada, entra aquí a La Casona y se enamora del folclore al instante.

Sonriendo, observé las fotos y pósteres en las paredes.

—Es también la arquitectura del lugar —comenté— Una casa en la montaña, una casa vieja... Entrás y te encontrás con una mística tan particular, tan misteriosa.

—¿Y ustedes qué piensan acerca del folclore moderno o fusión? —les pregunté. Este era un tema frecuente que comentábamos, sobre todo, a la hora de diferenciarnos en los estilos que teníamos para cantar, ya que algunos se representaban a sí mismos como más *tradicionales* o más *modernos* a la hora mostrar sus propuestas artísticas.

Rubén, con entusiasmo renovado, compartió su visión:

—Para mí y mis amigos el folclore fusión es una tendencia hacia el perfeccionamiento. Es explorar nuevos estilos y formas de expresión, mezclar ideas de otros géneros musicales, y siempre vemos que suele ser llevado a cabo por gente que se anima a más, y de lo mismo hace otras cosas, va fusionando.

—Totalmente. Yo creo que no es simplemente una mezcla al azar o por seguir una moda —añadió Cristina—. Es una evolución consciente y deliberada que se basa, primero, en el respeto y el entendimiento profundo de nuestras raíces culturales, mientras abrimos puertas a innovaciones. Los jóvenes aquí ven el folclore fusión como una manera de mantener la tradición viva y relevante.

73

Mariana intervino con una sonrisa apasionada:

—¡Exacto! Adaptamos nuestra música a los tiempos modernos, pero siempre conservando la esencia. Incorporamos diversos elementos musicales, tanto locales como globales, y creamos una mezcla de sonidos y estilos. Esto, yo creo, permite que el folclore no solo sobreviva, sino que prospere y se enriquezca. Así se mantiene la cultura en constante renovación.

Incluso, la vieja Casona era sinónimo de renovación y fusión. La misma estructura del lugar, con casi 400 años, tenía la capacidad de abrazar las palabras y las formas de pensamiento tan particulares de un grupo de jóvenes del siglo XXI. Para mí era, como había dicho Cristina, hablábamos de una esencia que no cambiaba; podía modificarse la forma de expresarla, pero al final siempre se quería decir lo mismo. El folclore no era solo una práctica cultural estática, no era un cancionero inmutable de la década de los años 70, para nada. Era una vibrante manifestación de la vida misma, un hilo continuo que unía pasado y presente, dando paso inmediato a la forma que teníamos de expresarlo en una armoniosa fusión.

—Cantate una zamba, Rubén —le dije, pasándole la guitarra y agarrando el bombo para acompañarlo.

Rubén afinó un poquito la guitarra y, con un si menor, entonó las primeras estrofas de una canción que nos ponía la piel de gallina y con la cual jugábamos un poco a ser esos artistas que tanto admirábamos:

La noche iba juntando estrellas dormidas
y vi pintar la aurora sus rojas mejillas
lento caminar, eterno resplandor
mostraba el sol su inmensidad
miraba de reojo celosa la luna
sobre la cuna del algarrobal.

Morena y orgullosa de tantas miradas
llegaba presurosa vistiendo de gala
De misterio azul el rostro se cubrió
donosa comenzó a bailar
y aprovechó suspiros para echar en vuelo
blanco pañuelo aromado de azahar.

Detrás de ti va mi nostalgia
Y agito en vano mi esperanza
Déjame encender el fuego en tu candor
Y en ese sueño verte arder
Así podré saber que destino me lleva
En tu pollera a enredarme de amor.

Dejé que mis deseos cobraran altura
Y en gotas de rocío bañé tu figura
Para ahogar la sed bebí de la ilusión
De ser el dueño de tu amor
Soñé que en tu cintura dejaban mis manos
Todo el verano de mi corazón

Yo quise detenerte, paloma, en mi nido
Y en un gentil arresto rocé tu vestido
Pero tu ansiedad buscando el arrebol
Dejó su luz de eternidad
Se fue tras de tu huella mi voz al nombrarte
Para entregarte mis ganas de amar

Los valores del folclore

Suenan los aplausos y se alzan los vasos al grito de *¡salud!* después de la zamba. Las canciones que son más conocidas o populares, las que canta toda la gente, tienen una fuerza distinta a las que interpreta a veces solamente el autor. Creo que aparte de que sea porque en un caso canta mucha gente y en el otro quién la compuso, es porque muchas de las canciones, una vez que alcanzan cierto grado de popularidad, pasan a ser de dominio público más que de quien hizo su letra y música. La gente termina por imprimir su propio sello, sus propios valores, su esencia particular, pero también ese sentimiento compartido de encontrarse todos en el canto, en un mismo momento y lugar.

—¿Ustedes creen que el folclore aporta algunos valores? —pregunté, observando cómo cada uno asimilaba la pregunta antes de responder.

Joaquín, conocido por su aprecio por las raíces tradicionales, fue el primero en hablar.

—Por supuesto. El folclore es muy tradicionalista y volvés mucho a las raíces. —Hizo una pausa, como si intentara captar la esencia de lo que quería decir—. Además, el folclore es gracioso, es simpático. Los hombres se ríen de que tienen muchas chinas, y las chinas son el modelo de mujer histérica, como Susanita de Mafalda, que quiere casar siempre al gaucho, y el gaucho no quiere saber nada. Es gracioso, viste.

Mariana añadió con una sonrisa:

—Las canciones tradicionales también destacan lindos valores: la familia, la madre, los valores de amistad. Siempre hay códigos, y eso está bueno —dijo con un toque de suavidad en la mirada.

La convivencia en La Casona desliza sutilmente dos polaridades del folclore: el folclore tradicional y el folclore fusión. Esta dualidad trae consigo una rica mezcla de seguidores de cada una de las formas y canciones. Para algunos, la esencia del folclore radica en su vínculo con las raíces culturales y su capacidad de reflejar la vida de una manera peculiar. Para otros, es un refugio de valores en un mundo desbordado por el caos actual.

—Yo a veces siento que la sociedad está muy desorganizada, muy enquilombada —dijo Rubén—. Esto lo hablábamos el otro día: el ritmo de vida es frenético y la consciencia colectiva no crece al mismo ritmo. Se pierden los valores, las costumbres, y crece la intolerancia. Pero el folclore aquí ofrece un refugio contra todo eso.

Era interesante ver cómo el folclore, en sus formas tradicionales, ayuda a mantener y transmitir ciertos valores sociales que aportan a la tarea de preservar un sentido de identidad colectiva. Para muchos casoneros que se veían envueltos en un mundo en constante cambio y desorden, estos espacios terminaban por proporcionar un lugar seguro y reconfortante para reconectar con su esencia y algunos valores más fundamentales.

En contraste, la innovación también tenía su lugar en la mesa. Cristina nos contaba:

—Yo creo que la convivencia del folclore tradicional y el folclore fusión en La Casona no solo es posible, sino productiva. Por un lado, respetás las raíces y los valores tradicionales. Por otro, aportás innovación y renovación, haciendo que la cultura evolucione y se mantenga relevante.

Las caras de mis compañeros reflejaban un consenso implícito. La Casona no era simplemente un lugar de encuentro; era un crisol donde el pasado y el futuro del folclore se encontraban, se respetaban y se enriquecían mutuamente. La conexión entre generaciones, facilitada por la música y los valores que transmitía, hacía de este refugio una entidad viva y palpitante, tradicional, pero a la vez siempre en evolución.

Con la charla envuelta en el calor del mate y el resplandor tenue de las velas que habíamos prendido un rato antes, nos sumergimos en una reflexión más profunda sobre el folclore y sus expresiones.

Para algunos casoneros según me contaban, el folclore se divide en dos dimensiones: una parte superficial y material, y otra más profunda y auténtica. Rubén, con su mirada pensativa, describió esta dimensión superficial como poco profunda, material y tangible.

—Esa parte se muestra en lo que llamamos *folclore de festival* —explicó—. Es el que supuestamente te hace ganar plata, que te hace llegar a la gente; es el folclore comercial, por así decirlo, que tiene cierta forma en sus canciones, está pensado para agradar.

La parte tradicional, con su humor y valores familiares, convivía con la fusión, con su innovación y renovación. Ambos enfoques cohabitando armoniosamente, cada uno aportando su propia esencia a la rica gama cultural de la región.

—Bueno, mucha cháchara por hoy. Vamos a cantar, ¿no? —les dije—. Cantate una del Dúo Salteño, chango —le dije a Rubén.

Mi compañero empuñó la guitarra y, sin más preámbulo, comenzó a sonar unos acordes que anunciaban la zamba de un tal Juan Panadero, la historia de un hombre salteño que regalaba el pan a los pobres por las noches en su famosa Panadería Riera.

Qué lindo que yo me acuerde
De Don Juan Riera cantando
Que así le gustaba al hombre
Lo nombren de vez en cuando

Panadero Don Juan Riera
Con el lucero amasaba
Y daba esa flor del trigo
Como quien entrega el alma

¿Cómo le iban a robar?
Ni queriendo, a Don Juan Riera
Si a los pobres les dejaba
De noche la puerta abierta

A veces hacía jugando
un par de palomitas blancas
y harina su corazón
al cielo se le volaba.

Por la amistad en el vino
sin voz querendón cantaba
Y a su canción como al pan
la iban salando sus lágrimas.

La Mandinga, la del Piano y las otras salas

Después de escuchar las hermosas y particulares reflexiones que cada uno tenía para decir sobre La Casona y las guitarreadas vividas allí, todos nos quedamos por un momento sumidos en nuestros pensamientos. Yo mismo sentía esas emociones y conexiones, habiendo pasado innumerables noches en ese lugar. Decidí entonces que era momento de llevar nuestra conversación a un terreno más concreto para explorar cada rincón de la casa que nos cobijaba.

—Ahora, me gustaría que me hablaran de cada una de las habitaciones de La Casona —sugerí, sacando del bolsillo una lapicera nueva porque se me estaba acabando la tinta de la que estaba usando—. Cuéntenme un poco del ala derecha, La Mandinga, la sala del Piano, la del medio y el patio. ¿Tienen algo de especial estos lugares?

Cristina fue la primera en intervenir.

—Si, lo tienen. Para mí es como si en La Casona se hubiera mantenido un pedacito del patio de tierra que disfrutamos cuando éramos chicos, en la casa de algún tío, en el campo —dijo con ojos llenos de añoranza—. Con esa higuera ahí, con esa media luz, con las sillas y mesas que no se han modernizado nunca y no nos molestan porque así las queremos.

Roberto asintió y agregó:

—Tené en cuenta que es un edificio que pertenece a otro espacio temporal, donde las cosas se hacían con tiempo, con dedicación y para largo —comentó, haciendo una pausa para enfatizar su punto—. Originalmente, tengo entendido que era un lugar que oficiaba como hacienda central, donde en su tiempo estaba el molino de agua, aquí a la vuelta. No existía con la expresión que tiene hoy.

Pedro, que había llegado hace un ratito a la reunión, se adelantó.

—En mi caso, lo más mágico es que salís de una habitación, entras en otra, y es un mundo diferente —afirmó con los ojos un poco más abiertos que de costumbre—. Cada espacio tiene su propio ambiente y esencia, casi como si contuviera distintas épocas y vivencias al mismo tiempo.

Pedro tenía un poco de razón. Ya el hecho de que cada habitación esté pintada de un color distinto le confería esa característica. Esas paredes de colores que a muchos les recordaban espacios añorados en sus memorias acerca de sus infancias es lo que en parte le daba a La Casona su encanto especial y auténtico. Los asiduos encontraban ahí un refugio que encapsulaba la historia y las tradiciones de Salta en un marco acogedor y familiar, algo que resultaba terriblemente encantador, aún más para los viajeros o quienes llegaban a Salta de lejos.

La disposición espacial y el ambiente del lugar ciertamente contribuyen a la forma en la cual se da un intercambio cultural. Cada habitación tiene su propia dinámica, pero todas están conectadas entre sí, permitiendo que diferentes tipos de interacciones y actividades culturales florezcan simultáneamente. Se puede estar en una habitación cantando zambas y al salir encontrarse a alguien recitando poesía en el patio.

Mariana, con su tono desenfadado, comentó de repente:

—Tiene puntos buenos y puntos malos. Las piezas que no tienen separación entre sí tienen un inconveniente que es que, para quienes gustamos de la posibilidad de escuchar a los cantores, no podemos hacerlo como quisiéramos cuando hay mucha gente, porque hay mucho ruido —explicó, haciendo un gesto con las manos—. Se mezclan los sonidos, los instrumentos y los cantores que están cantando diferentes canciones en las otras salas. Hay mucho quilombo por ahí en esas piezas.

A Pedro, sin embargo, este *desorden* no le molestaba.

—Bueno, es así, Mariana. Es un choque entre las piezas y un impacto emocional porque hay interferencia y el mensaje no se transmite con fluidez, pero hay personas que disfrutan un poco del ruido y la excitación. No sé, creo que no representa un problema.

—Yo siento que entras en La Casona y es como entrar en otra dimensión —opinó Cristina—. No importa qué tan estresante o agitada haya sido la jornada; al entrar, el tiempo parece ralentizarse, así podés relajarte y sumergirte en la atmósfera.

—Para mí no hay otra como La Mandinga —dijo Pedro— Es para la mayoría la sala más especial de La Casona. Es el lugar en donde vive la guitarreada *furiosa* —dijo con energía—. Cuando uno se sienta en esta habitación es como si entraras un ratito con el coludo[6] y le dijeras "toma, andá, llevate mis penas y quemálas en el infierno", y vos te volvés a tu casa sin penas —nos explicaba con la sonrisa verde por el acuyico de hojas de coca que tenía armado desde que había llegado.

Rubén añadió, apasionado:

—¡Sí, totalmente! O cuando cantás la *Chacarera del exilio* aquí es como que brota toda la época subversiva, ¿me entendés? Y te sentís un rebelde, en el lugar que realmente vale la pena porque es el lugar en donde estaban los músicos refugiados en esa época. La Mandinga es como el *living* de tu casa donde te ponés a *chupar* con los vagos.

---

[6] Sinónimo para el diablo o mandinga.

—Claro, tiene el tamaño especial para que lleves a todos tus amigos —se rio Rubén—. Esa sala definitivamente tiene algo de La Mandinga.

—La Sala del Piano, en cambio, es la habitación más fina de La Casona —dijo Cristina, adquiriendo de pronto un tono más solemne—, y ahí termina el resabio de cantores para después de las cuatro de la mañana.

Mariana sonrió y agregó:

—Sí, ahí la música tiene un matiz diferente. Es un espacio para escuchar más en silencio. Ver a alguien tocar el piano ahí es como un regalo.

—En cambio la de abajo, o la del medio, es la sala que une La Mandinga con la del piano —explicó Mariana—. Es un poco más de *pichis* —dijo en referencia a que suelen juntarse allí los grupos de amigos más borrachos y que cantan más fuerte.

Todos nos miramos y asentimos sabiendo que lo que decían todos era verdad. Y, finalmente, el patio.

—El patio es un lugar hermoso para ir a charlar, a compartir —dijo Pedro, con una sonrisa suave—. Aunque los cantores dicen que es difícil cantar allí porque la voz se va, y un poco es verdad. Es la única opción para los fumadores.

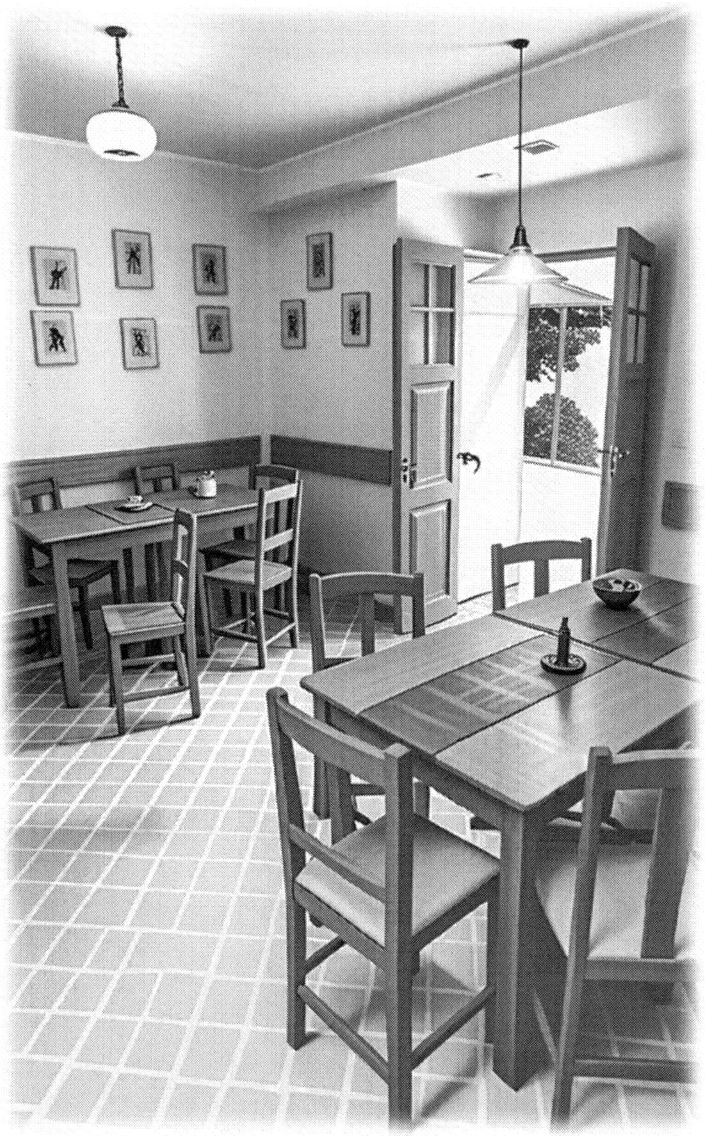

Si bien cada lugar tiene su propia tonalidad, no existe realmente un lugar privilegiado, de más categoría o donde sea mejor estar, sino que simplemente el lugar está donde esté la gente, donde uno se sienta

cómodo ese día, donde uno sienta que está sonando alguna melodía bonita o alguna canción que te den ganas de escuchar o acompañar.

Los casoneros

La diversidad de quienes frecuentan La Casona es asombrosa. Hay de todo, desde el que se arrima solo para pasar el rato hasta el que va únicamente a disfrutar de un buen vino. Pero, sobre todo, conviven aquellos que respiran y viven el folclore, aquellos que sienten cada nota y cada palabra como un latido del propio corazón. Como resaltaba Cristina cuando estábamos charlando: "La persona que tiene ganas de tocar y compartir y brindar su música lo hace tanto con un amigo como con un desconocido". En este sentido, La Casona propicia esa suerte de comunión musical que trasciende las barreras que imponen las personalidades por sí mismas.

Para quienes son asiduos al lugar, ir a guitarrear se torna un ritual placentero, una instancia de reencuentro con los queridos *pichis*, esos amigos de siempre que, quizá, tienden a tomar un poco más de la cuenta. La camaradería y la cordialidad se despliegan en cada mesa, creando un ambiente donde la música, las charlas, los *aro aro* y las bagualas toman el centro de la escena.

En cuanto a los estilos que desfilan por La Casona, también suele haber una variedad inusitada. Se encuentran músicos que evocan el estilo peruano-boliviano, el folclore más chaqueño, el santiagueño, otros con inclinación a lo melódico, lo tranquilo y armónico; y también está el que canta porque le gusta cantar, sin importar si afina o desafina.

"Si grita, grita, y si no también", me decía Roberto, sintetizando ese espíritu libre y desenfrenado de quienes encuentran en La Casona un espacio para ser, sin más pretensión que el goce y la expresión auténtica.

En este crisol cultural ocasionalmente se dejan ver personajes ilustres del panorama artístico y no artístico también. Los famosos suelen llegar dispuestos a compartir con la gente, como si las barreras que impone naturalmente la fama se diluyeran entre estas paredes. La Casona del Molino no solo se convierte en un refugio de la música, sino en un lugar donde las máscaras se olvidan por algunas horas.

—¿Se han cruzado con alguien conocido? —pregunté mientras repartía unos mates con poleo y cedrón que uno de los chicos había traído.

Mariana fue la primera en responder, con una sonrisa entusiasta en el rostro:

—Aquí vienen artistas consagrados del ambiente musical. Es algo muy copado que ciertos artistas no pierdan ese espíritu guitarrero y de compartir —dijo mientras se tomaba el mate que le acababa de pasar.

Rubén, desde el otro lado del círculo, asintió:

—Si Hernán Figueroa Reyes[7] hubiera vivido, estaría todos los días aquí, eso tenelo claro. Si Tamara Castro[8] siguiera viva, todos los días estaría aquí. Por más que tuviera gira, tendría que venir un día y estar aquí.

Sonreímos imaginando esas escenas mezcladas con dulzura y nostalgia. Mariana continuó, más pensativa esta vez:

—Cuando vienen artistas muy masivos el movimiento de gente alrededor es muy grande, y esto puede llegar a incomodar un poco al resto de las personas. Cuando viene Abel Pintos es un quilombo. Yo nunca estuve cuando estuvo él, pero me cuentan que se llena de… cómo decirlo… de muchos *fans*.

---

[7] Hernán Figueroa Reyes (1936-1973) fue un cantante, compositor y folclorista argentino, considerado una de las grandes figuras de la música folclórica de Argentina. Nació en Salta y se destacó por sus interpretaciones de zambas, chacareras y otras formas de la música tradicional del noroeste argentino. Figueroa Reyes murió trágicamente en un accidente automovilístico a los 36 años, dejando un legado influyente en la música popular argentina.

[8] Tamara Castro (1972-2006) fue una cantante argentina de música folclórica, conocida por su voz poderosa y su interpretación. Alcanzó popularidad en la década de 1990, con canciones como *Zamba de amor en vuelo*. Su carrera fue truncada por un accidente automovilístico en 2006, a los 34 años, dejando un legado en la música tradicional argentina.

—¿Y de qué depende el prestigio de un artista? —les pregunté.

—El prestigio de un artista depende de lo que hace, de dónde fue, de cómo fue, de cómo la gente lo quiere, lo recibe o no, y eso es lo que va marcando los grados de respeto, según lo entiendo yo. —dijo Pedro

En ese momento, Rubén recordó una anécdota que lo había marcado y decidió contárnosla:

—Un día con los chicos nos fuimos a La Mandinga y entró Álvaro Teruel de Los Nocheros[9], y no me acuerdo con quién más era, otro cantante. No quiero mentir, pero se puso a cantar con nosotros. Eso me pareció genial, porque estuvo bueno, ¡estuvo muy bueno! El pibe, todo con su onda diferente a la nuestra, porque yo por lo menos, soy re campechano, y ellos ya tienen otra forma de verse a sí mismos, me hacía suponer que serían diferentes, pero no —se rio Rubén. Y estuvo muy lindo compartir así. Aparte, le pregunté un par de cosas, que qué tal, cómo vas con el grupo, y bien, el tipo te responde de una manera espectacular. Mario también; con él más fue hablar que otra cosa, así que estuvo bien. Me parece muy bien.

---

[9] Los Nocheros son un grupo folclórico argentino formado en 1986, originario de Salta. Su estilo combina folclore tradicional con baladas románticas, lo que les ha dado gran popularidad y ha hecho que marquen una época en la música folklórica. Entre sus canciones más conocidas están *La yapa* y *Entre la tierra y el cielo*. Son una de las agrupaciones más influyentes de la música popular argentina.

Cristina, viendo la emoción de Rubén, añadió un punto importante sobre la diversidad de edades en La Casona:

—Otra cosa importante es que a La Casona viene gente de todas las edades. Se puede encontrar a chicos jóvenes músicos que tienen catorce, quince años, hasta los más viejos, los más veteranos. —tomó un sorbo de mate antes de continuar—. Uno va a comer y lleva su instrumento y después se da cuenta de que hay un pibe que tiene 18 años tocando un tango y al viejo de 70 años le llega, y se pone a acompañar. Que se dé toda esa mixtura, ¿ves?, es muy mágico.

—No solo músicos y cantores frecuentan La Casona. Capaz que un día está lleno de viejos, pero vos no sabés si esos viejos son todos poetas, y eso es espectacular —acotó Rubén.

—Yo creo que los *habitués* de La Casona son como todas las flores de un mismo árbol, y no hay flor más bella que otra, son todas muy lindas —concluyó Cristina.

La conversación continuó un rato más mientras el mate seguía su ronda, y la música y nuestras risas resonaban en la salita donde estábamos. Cada historia, cada anécdota enriquecía aún más lo que conocíamos acerca de la guitarreada, la tradición y las personas que se entrelazaban una y otra vez.

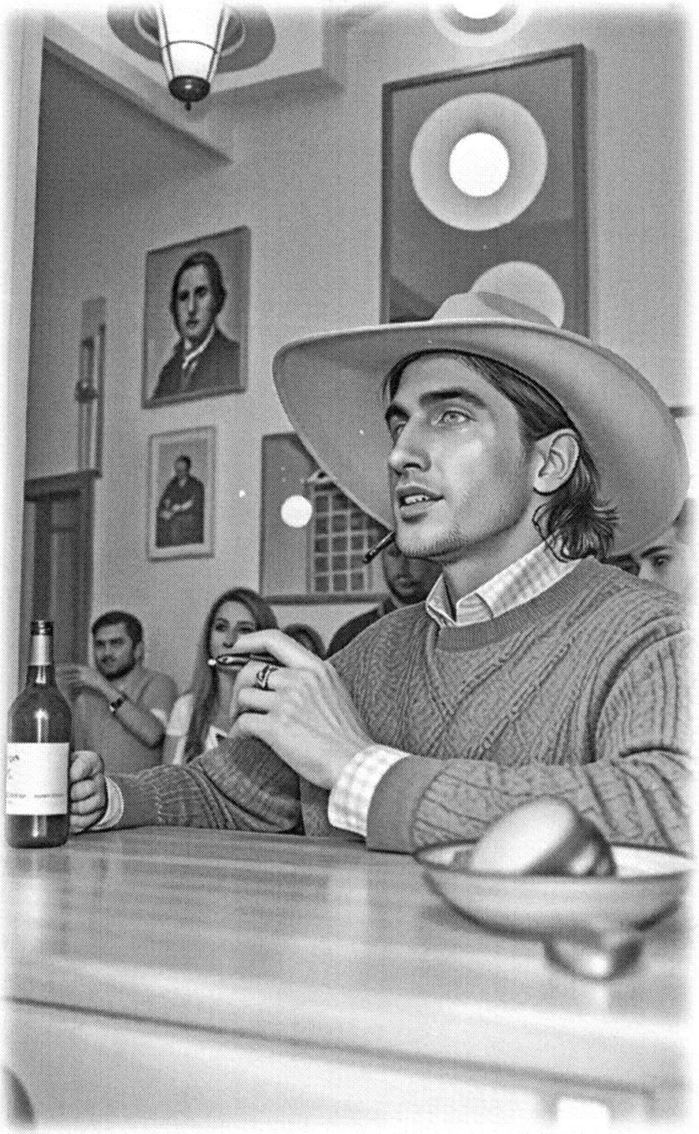

La juventud

—Y los jóvenes, ¿qué rol juegan? ¿Cómo se ven ustedes mismos si tuviéramos que reflexionar sobre ello? —les pregunté.

—Yo creo que durante la niñez y en el proceso hacia la juventud uno nace y crece medio ciego de lo que uno tiene adentro —aseguró Rubén, mientras se acomodaba para hablar con más claridad—. A pesar de que haya niños y adolescentes que son realmente prodigios y nacen sabiendo o conociéndose, entendiendo sus cualidades y explotando sus habilidades, es con el tiempo que, al menos en esta generación, uno empieza a encender una llamita que tiene diferentes nombres: danza, folclore o *rock*. Y esa llamita se enciende, se enciende más si te la alimentan los otros.

Todos en el grupo asintieron, reconociendo quizá esa verdad en sus propias experiencias. Roberto intervino para subrayar otro punto importante:

—A La Casona viene mucha gente joven —comentó, echando un vistazo alrededor como si buscara confirmar sus palabras—. Simplemente porque el joven está arraigado al folclore en Salta, y con ello a sus prácticas: el salteño desde que es chico toca la guitarra, canta y lo hace muy bien. Últimamente, está habiendo más chicos. Esto evidencia una constante renovación.

Joaquín, siempre reflexivo, añadió:

—Hoy la juventud está más despierta, está reclamando, se está desvelando —destacó—. Y va tomando acción a medida que crece y ocupa roles más activos en la vida social.

Me di cuenta de que, para los jóvenes de La Casona, esa llama de la que hablaba Rubén era más que una simple metáfora; era una realidad palpable para muchos de ellos, que batallaban frecuentemente entre las cosas que querían hacer y las que debían hacer.

—La juventud está encaminada, está en lo correcto —continuó Joaquín con orgullo en la mirada—. Sabe reconocer las raíces como un lugar para el crecimiento de nuevas formas e ideas, lejos de pensar que se deba mantener un sistema que está equivocado. La juventud lo sabe, la juventud está haciendo, la juventud está hablando, la juventud está despierta. Y cuando uno va a La Casona lo siente.

Debo decir que en parte yo también compartía esa aseveración. Para ese tiempo estaba trabajando en grabar mi primer disco como cantante de folclore, el cual giraba en torno a retratar ciertos aspectos de la vida en sociedad que era evidente que no funcionaban. Hablábamos con frecuencia en mis ambientes cercanos sobre lo que pasaba en el mundo y sus sistemas con una fuerte mirada crítica. Yo estaba finalizando mis estudios como comunicador, con una fuerte influencia en esos años de una ideología de izquierda que había adoptado en mi paso por la universidad. Era un tiempo, el de la juventud, en donde nos sobraba la rebeldía y la fuerza, pero se nos escapaban los tonos más sutiles y tendíamos a ser más "guerrilleros", como diría mi abuela Rosa.

Los turistas

—A La Casona también vienen muchísimos turistas. ¿Qué pasa con la gente que viene de otros lugares? ¿Cómo lo viven ustedes? —les pregunté, curioso por conocer cómo se integraban los chicos con los visitantes que venían a veces de culturas tan diferentes.

Joaquín fue el primero en responder, como si ya hubiera reflexionado sobre ello muchas veces:

—Un turista que elige La Casona elige bien —soltó con una sonrisa— Es un lugar donde van a lograr divertirse y, por sobre todo, se van a llevar consigo el recuerdo de algo propio de la ciudad. Este recuerdo no es material, sino una vivencia de lo que significa Salta.

Mariana, que había estado escuchando atentamente, añadió:

—Los turistas no pueden pensar o sentir otra cosa que no sea sentirse en su casa —dijo con la seguridad que la caracterizaba—. Sienten que les cantamos para ellos, que los estamos convidando con lo mejor que tenemos —continuó Mariana—. Esto provoca que, al pensar sobre lo que vivieron en La Casona, añoren pensando: "¿Cómo no pasa esto en mi barrio, en mi ciudad, en mi país?".

—En cierto grado es verdad —dijo Cristina—. Los turistas vienen y es algo muy emocionante, la verdad, porque lugares como La Casona, por charlas que tuvimos, no hay en ningún lado del mundo —comentó entusiasmada—. Por ahí hay lugares similares, pero los turistas que vienen dicen que tiene una energía muy loca, que es un lugar para conservar.

—Para el salteño que oficia de anfitrión, es una oportunidad para mostrar a alguien más sus prácticas y compartir su cultura. —acotó Pedro— La casa es linda cuando llegan las visitas y vos podés mostrar lo que es tu hogar —comentó mientras los demás asentían en acuerdo.

Debido a la gran afluencia de turistas en este lugar, el hecho de compartir experiencias se vuelve una de las riquezas más importantes para algunos jóvenes. Conocer gente nueva, historias diversas, formas de pensar distintas, terminan por abrir un poco la cabeza y el punto de vista de gente que mira el mundo desde otra parte.

Los cantores

—¿Y quién canta en la Casona? —pregunté, con una mezcla de miedo y expectación, ya que sabía que mi pregunta era demasiado obvia.

Joaquín soltó una carcajada totalmente justificada antes de responder:

—¡Todo el mundo canta en la Casona! Canta hasta el que no sabe cantar... Si te sabés la letra la podés cantar y si no, la inventás —dijo, mientras todos se reían ante lo evidente de sus palabras.

—Claro, aquí a diferencia de las peñas habituales, donde vos te sentás, chupás y el otro canta, es otra cosa. Se genera una comunidad de cantores. Aunque cantes mal, cantá. Cantá porque es lindo, porque estás festejando, porque estás contento, porque estás machao —me relataba Joaquín y prácticamente daba golpes a la mesa de madera con los puños apretados.

—Y si no, que le pregunten a Pedro cuando se pasó de tragos y empezó a cantar a los gritos la otra vez *La malagueña* — añadió Rubén, provocando que todos lancemos una risa conjunta y algunas miradas cómplices.

Pedro, obviamente se defendió:

—Bueno, al menos yo sé cómo sacar las penas por la garganta, ¿no?

—Penas las nuestras qué te estábamos escuchando cantar —replicó Rubén con una carcajada.

—Ya, ya, pero hablando en serio, el canto es un elemento privilegiado acá. Es una forma de catarsis, no solo en la música, sino en el arte en general porque hasta se baila si querés bailar. —dijo Pedro que todavía quería desviar el tema de su canto fallido.

—Si, en La Casona músicos que impresionan en su manera de tocar. La música es impresionante… la creación original es impresionante —aseguró Joaquín.

—Salta es una provincia con gran desarrollo cultural folclórico y tiene muchos, muchos cantores. Somos una familia grande —explicó Pedro—. Principalmente entre los jóvenes, hay músicos que incluso tienen una suerte de competencia respecto de otros en el mercado artístico, porque se encuentran en la búsqueda de un mismo objetivo comercial, pero en La Casona se abrazan, cantan, se convidan vino. No les importa. Se acaba la competitividad y renace la fraternidad. Incluso los cantores que ya no están presentes en cuerpo físico, como el *Cuchi* Leguizamón, el Dúo Salteño, Los Chalchaleros, están presentes en espíritu —mencionó, recordando a esas grandes leyendas del folclore salteño.

—Además no es lo mismo cantar en La Casona por gusto que en un estudio de grabación profesional —dijo Joaquín—. El que está grabando en estudio lo hace por gusto, pero aun así tiene la presión del estudio —explicó—. En La Casona, los vagos cantan fuerte. Quien canta allí tiene un timbre de voz limpio, claro, está disfrutando, se está riendo, está haciendo una morisqueta, y si quiere gritar, grita. ¡Es re divertido!

—Y si, ¿qué sería de una noche de canto sin un buen sapucai? —agregó Mariana, haciendo reír a todos con su entusiasmo a la vez que lanzaba un grito chamamecero: ¡iiipiuuuu! Se reía.

—Aun quien no sabe cantar puede compartir el momento, puede ir a tocar las palmas, a escuchar, a cambiar el humor del día, a desestresarse —continuó Joaquín.

Cristina, que era consciente del profundo impacto que tenía el canto, agregó:

—Ningún cantor es consciente realmente de lo mucho que puede llegar a conectarnos con la tierra desde esas voces tan bestiales, tan silvestres —comentó con pasión—. Solo en La Casona se escucha ese timbre de voz que, si bien puede ser un soprano, un *mezzo*, lo que sea, todos pueden tener el mismo timbre de voz, pero nadie suena igual que el que disfruta cuando está cantando. Y en La Casona todos

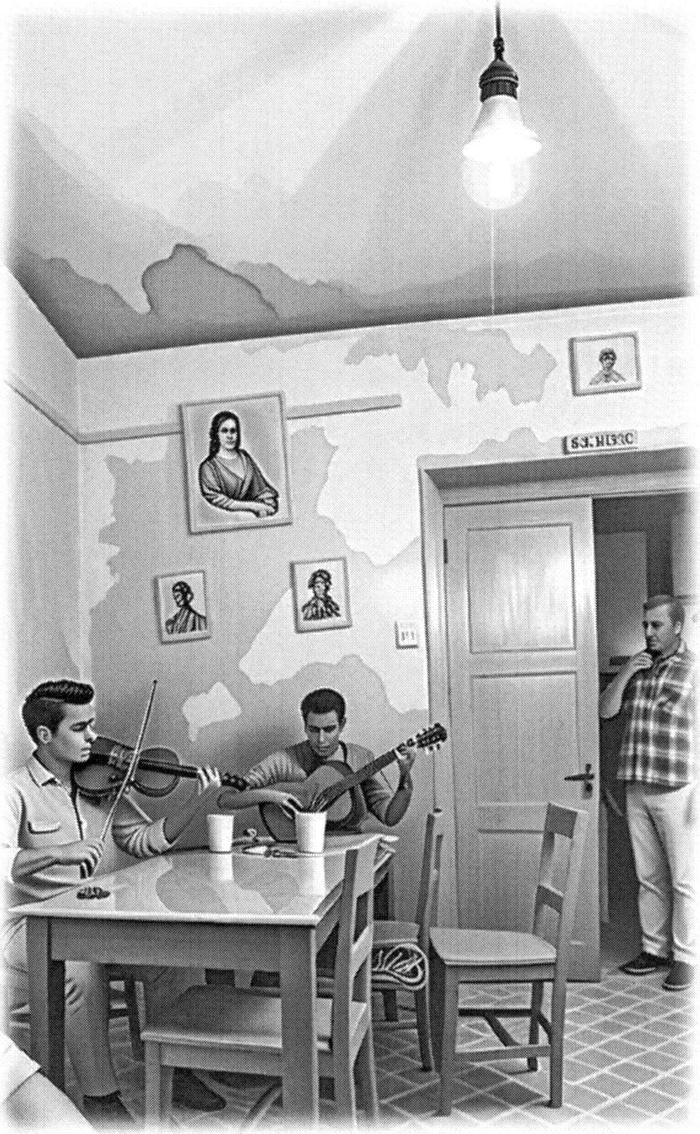

los que se escuchan tienen esa armonía y esa felicidad del que está disfrutando lo que está haciendo.

Seguíamos hablando de los cantores, en lo que una moza entró en la habitación con dos bandejas llenas de empanadas de carne y queso y unos cinco litros de sangría fresquita de la casa.

—¡Vamos todavía! —gritamos unos cuantos mientras nos abalanzamos sobre la comida antes de que el plato tocara la mesa.

—Siempre se canta mejor con la panza llena y el garguero hidratado —se rio Mariana, que dejaba de lado el violín para servirse un poquito de bebida en su vaso.

La Casona representa para muchos el patio de su propia casa, y a mi modo de ver estábamos ciertamente en ella. De los siete días de la semana, tres o cuatro los pasábamos entre esas paredes, en el patio, cantando, comiendo o conversando. Para ir a cantar no había que vestirse de gala, "no tenés que ni emperifollarte, ni ponerte nervioso", solía comentar Cristina. Todo lo contrario, la forma de vivir la experiencia que teníamos era simplemente cantar y disfrutar "así como fluya".

Vivencias casoneras

Para los lugareños, principalmente los músicos, es frecuente armar grupos de amigos para ir a La Casona, pero no la hora de la cena, sino después de la medianoche.

—Por lo general buscamos llegar más tarde, después de que se desocupa de la gente que va a cenar. Los muchachos se pegan un baño, se juntan los amigos, arman toda la *juntadera*, como decimos, y ahí recién llegan —me explicaba Pedro una vez.

Para muchos jóvenes, La Casona es un lugar de paso obligado y hasta está *moralmente penado* no vivir esa experiencia.

—Yo a La Casona fui por primera vez porque todo el mundo decía que había que ir a La Casona, porque no podías haber ido a la Serenata al Héroe Gaucho y no haber ido a La Casona. No podías ir a la Serenata a Cafayate si no habías ido a la Casona, o sea, estaba como penado, ¿viste?, entre el círculo de amistades —me contaba Joaquín.

Y era muy cierto. Quizá decir que estaba penado no conocerla es un poco exagerado, pero sí había una especie de juego para tentarnos a ir por primera vez. También es importante decir que una guitarreada es acogedora incluso para quienes no saben nada sobre el folclore, no lo conocen o nunca se han interesado por él. Para algunos de los casoneros con quienes estaba sumergiéndome en todo este universo, ese tipo de persona *es el que mejor la pasa*. Y es comprensible: quien va por primera vez no puede dejar de disfrutar de todo lo que lo rodea, con el encanto de lo nuevo y lo inesperado.

—Vos podés ir a La Casona y disfrutar del encuentro entre el violinista y el guitarrista, y cómo, de pronto, interpretan tres o cinco temas, y luego se encuentran con un bombisto, y después viene un cantante. No podés perderte eso. Esa es la esencia de La Casona —me decía Rubén en una de nuestras charlas.

Para algunos jóvenes, más allá de lo que determine la lógica, influye una cuestión energética a la hora de entablar vínculos, que depende *de estar vibrando en una misma frecuencia*. Las relaciones que se tejen en La Casona están basadas por defecto en un vínculo respetuoso y horizontal, ya que se dan *de par a par* y siempre existe la posibilidad de cultivar una amistad, pues la ocasión para una primera charla está siempre abierta. "Después, si uno charla y ambas personas se interesan en la vida del otro, se cuentan sus historias y se van conociendo", me contaba Cristina.

Los días que pasé en La Casona me revelaron un mundo donde el tiempo y la atmósfera son tan cambiantes como la gente que la frecuenta. Recuerdo que Roberto, un habitual, me decía con un tono nostálgico: "La Casona, todos los días es diferente". Y tenía razón. Mis paseos por los días de semana me parecían más placenteros que los bulliciosos fines de semana, aunque eso, claro está, depende de lo que a uno le atraiga, o quizá del momento particular que esté pasando en la vida de cada cual. Mientras que los fines de semana se transforman en una fiesta de ruido y gente, los días de semana ofrecen una serenidad que a veces cuesta encontrar en la rutina diaria.

Rubén, me lo confirmaba con una sonrisa afable: "Un día podés ir y se llena de poetas o viejos, como se dice, y otro día está lleno de gente de tu edad, o turistas". Esa diversidad de visitantes es parte de lo que mantenía la esencia de La Casona siempre fresca y vibrante. Una noche no era igual a la siguiente, y eso me fascinaba.

Las noches de verano en el patio también son algo único, porque a la experiencia de sonidos y emociones se le suma el aroma de las carnes que se asan en la parrilla. En esas noches había de todo: quena, *siku*, charango; músicos de diferentes estilos que llenaban todo el espacio con una energía contagiosa aun cantando canciones diferentes a escasos cinco metros de distancia. El invierno, en cambio, ofrecía un encanto más íntimo y sosegado, pero no menos enriquecedor.

—La Casona es nocturna. El horario predilecto es siempre después de las doce de la noche para el salteño—me comentaba Roberto.

Pero Pedro, algo más pragmático, añadía que el ambiente "todo el tiempo va cambiando". Esa era una verdad indiscutible; para muchos, el amor por la Casona no tenía un horario fijo.

—Yo llego, agarro mi guitarra y estoy bien a las siete, a las ocho, a las diez, a las doce o a las cinco— solía decir Roberto con una risa socarrona.

Rubén, con la sabiduría de años en La Casona, afirmaba: "Los buenos cantantes o buenos intérpretes musicales o instrumentales van a cualquier hora y la pasan bien". En contraste, los *amateurs* o aquellos que simplemente amaban escuchar, llegan "a las diez de la noche, comen y se quedan hasta las seis de la mañana".

Si vamos a definir una suerte de los horarios favoritos o aquellos momentos clave en donde la energía y el contexto cambian, podríamos decir claramente que de nueve a doce de la noche el ambiente era acogedor. Durante ese tiempo, la gente cenaba en calma, todos hablando despacito, "con las caras bien", como comentábamos entre risas con los amigos. Pero cuando el reloj marcaba cerca de la una o dos de la mañana, el entorno cambiaba por completo. Para algunos jóvenes, esa hora era la mejor. Pedro lo describía con un brillo en los ojos: "Todos están cantando, todos gritando ahí, es un hormiguero", decía.

En esos días que pasé en La Casona, aprendí que la verdadera magia del lugar no reside solo en la música o en la gente, sino en esa sensación de pertenencia y diversidad que se comparte sin importar la hora ni el día.

El vino

Hace poco leí que el vino es un puente. Un puente que, usado correctamente, permite una expansión de la consciencia habitual hacia estados que tienen un poco más de apertura. Y es en toda guitarreada, uno de los componentes clave que activan parte de la experiencia.

Hago un pequeño inciso para contar acerca de una charla en la cual abordamos el tema del alcohol. Era una cálida noche de verano en el patio de La Casona, estábamos todos reunidos en torno a una mesa, compartiendo historias y, por supuesto, un vino. Mariana, con su habitual tono reflexivo, comenzó a hablar sobre el papel que para ella tenía el alcohol en La Casona.

—Si se ponen a pensar, el alcohol tiene un rol importante en todo lo que pasa aquí —dijo mientras levantaba su copa y la miraba fijamente—. El ambiente del lugar cambia a medida que pasan las horas y que el vino corre con más frecuencia.

—Sí, claro —dijo Pedro—. No es lo mismo venir a las 9 de la noche cuando hay mucha gente que va a comer, que estar acá a las tres y media de la madrugada, cuando ya se ha ido la mayoría. A esta hora solo queda la gente que vino a comer y a tomar, o los que vinieron solo a tomar, o aquellos que ya están en el punto de gritar. Es otro ambiente completamente. Uno ve cómo va avanzando el nivel de alcohol en la gente a medida que va pasando la noche.

Rubén, con la guitarra en mano comentó:

—Para nosotros, los músicos, el alcohol influye directamente en las capacidades de tocar. Después de unos vasos de cerveza, ya los dedos no te caminan igual sobre la trastera. Aunque uno se sienta más valiente, es complicado mantener la precisión.

—Es verdad, Rubén —Mariana rio y asintió—. Incluso hay un riesgo para el instrumento y nosotros. Uno puede acabar con tendinitis y eso es jodido. Tocar bajo los efectos del alcohol tiene sus peligros.

Pedro, que se había quedado pensativo y sin mediar palabra, se acomodó de pronto un poco en la silla y nos miró fijamente.

—Una vez llegué tarde, después de que cerraran las puertas, por suerte logré pasar —dijo—. Pero cuando entré, pensé "mejor me hubiera quedado en mi casa", ya estaban todos ebrios. Al final la pasamos bien, pero a esa hora ya estaban todos deformados del pedo.

Hubo una tremenda carcajada general.

—Si, eso también puede ser visto como un motivo que une a las personas aquí en La Casona —dijo Joaquín—. Pero hay que pensar que el alcohol une en todas partes. Podés estar en tu casa tomándote una cerveza con los vagos o un vino con tu pareja, y también te sentís unido. No podemos tomarlo como un común denominador en La Casona.

Mariana levantó su copa y concluyó:

—Exacto. Es importante pensarlo desde una perspectiva más integral. La experiencia aquí es mucho más profunda que simplemente venir a emborracharse y gritar el fin de semana. Yo creo que la magia de este lugar va más allá del alcohol; se trata de la música, las historias y la conexión humana que compartimos.

Nos quedamos en silencio por un momento, quizá saboreando esas últimas palabras y reflexionando sobre lo que significaba realmente todo eso para cada uno de nosotros. Muchas veces, el vino es el aliciente perfecto para el canto. Con Roberto nos confesábamos algunas veces que lo usábamos porque nos "ayudaba a despuntar las primeras notas", y no puedo más que estar de acuerdo aún hoy. Además del vino, hay que destacar, la bebida que reina entre los jóvenes es la famosa sangría; una mezcla de vino, cítricos y azúcar que decidimos bautizar como el "trago de la casa".

—La sangría es muy rica —remarcaba Rubén, asegurando que La Casona tiene la mejor sangría del mundo. Muy rica pero muy *engañera*, comentábamos nosotros, ya que su dulce sabor disimula la fuerte presencia del vino, y así uno puede sentirse alentado a consumirla a veces en grandes cantidades.

Para Rubén, de todas formas, la sangría es lo más rico que tiene La Casona y algo que, según él, difícilmente se puede disfrutar en otro lado como allí. A lo largo de mis días en La Casona, fui cautivado no solo por la música y las personas, sino también por esos detalles culinarios que realzan la experiencia, desde la empanada hecha con esmero hasta la refrescante y peligrosa sangría.

Un breve inciso también para hablar de los mozos o meseros que a veces son tan particulares y memorables como el lugar mismo. Son toda una institución para los jóvenes casoneros. Joaquín, con quien compartí varias veladas, me lo comentó varias veces: "Te atienden con una sonrisa. Son gente piola: la mayoría tiene rastas y un par de aros y *piercings* por todos lados, pulseras *hippies*. Se nota lo que es lo cultural de La Casona".

En una de esas noches, me encontraba esperando mi empanada y sangría como quien espera que el médico lo atienda en la sala de espera, observando el bullicio del lugar. Mauri, uno de los mozos con largas rastas y una sonrisa que yo consideraba perpetua, se acercó y me guiñó un ojo.

—Ya llega, maestro, la paciencia es una virtud y aquí lo ayudamos a desarrollarla —me dijo mientras se llevaba una bandeja cargada copas y platos sucios hacia otra mesa. Su actitud despreocupada era exactamente lo típico del lugar. Se notaba esa cercanía que Joaquín tanto resaltaba—. Hay mucha camaradería, mucha familiaridad, y es muy ameno. El sentimiento primordial es ese, y eso se traslada desde los mozos hasta los asistentes. Los mozos te tratan como cualquier hermano que te está ayudando a buscar un vaso de agua en la cocina.

La informalidad incluso era parte del encanto. Los mozos de La Casona no seguían el protocolo de un restaurante de cinco estrellas: no tenían la mano detrás de la espalda ni esa rigidez protocolaria. Esa falta de formalidad era, más que una carencia, una virtud.

Recuerdo una noche en particular, cuando Rubén, Mariana y yo esperábamos nuestras bebidas. Estábamos tan inmersos practicando unas melodías con la quena y el charango, que no notamos que nuestro pedido se estaba retrasando bastante. Fue en ese instante de rugir de tripas cuando Mauri apareció con una bandeja llena y dijo:

—¡Llegó chicos! Estos son los tragos, las empanadas son para la otra mesa, lo suyo viene en un minutito.

Claro que lo insultamos amistosamente y nos echamos a reír juntos.

No era solo la comida y la bebida lo que hacía especial a La Casona, sino la experiencia humana que se compartía allí. La sensación de ser parte de algo más grande, de una comunidad. En cada charla con los mozos, en cada risa compartida, uno se sentía más que un simple cliente. Se sentía como una parte vital de esa pequeña galaxia cultural donde convergían historias, música y sabores.

Mitos

La Casona también es un punto focal de leyendas y mitos que colaboran con su aura enigmática. Hay montones de historias y existe incluso la duda de que muchas de ellas hayan sido inventadas por los dueños para añadir misterio al lugar. "Nosotros nos las creemos", me decían algunos de los casoneros.

Una de las leyendas más esparcidas es la creencia de que el dueño era folclorista y amaba a Salta, pero no era conocido. Otros afirman que en realidad se trataba de un gringo que vino y se arraigó en la ciudad. La supuesta identidad de este hombre extranjero se convierte en un misterio aún mayor, ya que no se sabe realmente si era el dueño o un simple sereno del lugar.

Otra historia recurrente es que en La Casona vivieron personalidades importantes de la cultura salteña. "Ahí vivía el *Cuchi* Leguizamón, por ahí te dicen que era casa de uno de los Castilla"[10], apunta Rubén.

---

[10] Manuel J. Castilla (1918-1980) fue un poeta, escritor y periodista argentino, nacido en Salta. Es reconocido por su obra lírica profundamente influenciada por el paisaje y la cultura del noroeste argentino. Colaboró con músicos folclóricos, como Gustavo *Cuchi* Leguizamón, y dejó un legado poético destacado en la literatura argentina.

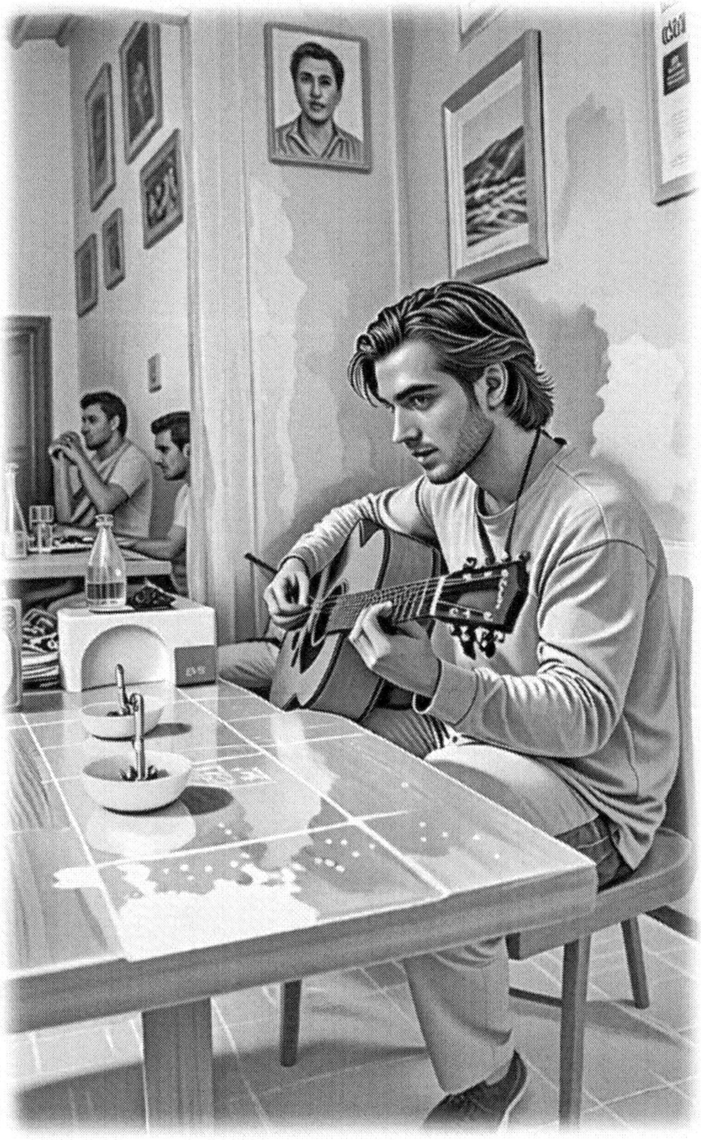

Es verdad que estas afirmaciones a menudo son descartadas o reafirmadas por otros mitos que circulan al mismo tiempo. Por ejemplo, una versión cuenta la historia de que el *Cuchi* Leguizamón vivió allí porque se dice que su piano aún está en La Casona; sin embargo, nadie ha podido certificar tal pertenencia.

En cuanto a la antigüedad del edificio, hay muchas especulaciones. Algunas personas tratan de estimar fechas aproximadas de construcción y creen que es una casa que está en pie desde la fundación misma de la ciudad, allá por el 1500. "Tengo entendido que es una casa muy vieja, muy muy vieja, no sé si de 1700, quizás un poco más", me comentaba Mariana, reflejando como en todos nosotros el absoluto misterio que rodeaba y que nosotros mismos generábamos a La Casona.

La energía

Más allá de la música como elemento central de toda la experiencia, en las guitarreadas existe un vínculo que se mueve a nivel inconsciente. Son definiciones abstractas para la lógica que tienen cierta comprensión a nivel racional, pero en un punto se escapan y que son de vital importancia para entender al lugar como un organismo vivo.

A la hora de entablar vínculos, pude verificar que influye siempre una cuestión energética que va más allá de la música; los propios casoneros se encargaron de decírmelo en muchas ocasiones. No se entabla una relación o un vínculo en La Casona por azar o casualidad; la conexión entre personas depende del tipo de vibración que sus cuerpos emiten, de la *onda* que tengan, de las canciones que canten, haciéndolos más o menos afines entre sí.

Más allá de las profesiones, las máscaras sociales y personales, existe un vínculo frecuencial, que va tejiendo relaciones entre canciones, al mismo tiempo que se cantan. Y es esa misma onda que emiten las personas la que va quedando en el lugar, así como toda la onda de los músicos que van y los cantores y guitarreros que cantan. Todo esto se mezcla de alguna manera y le da al lugar ese carácter de único y sagrado.

Para los casoneros, aquellos que están involucrados a diario con el folclore, lo canten, escuchen, disfruten o aplaudan, necesariamente desarrollan una cierta conexión con la Pachamama, con el alma de la tierra, con el espíritu y el cuidado.

—Cuando se canta en La Casona, se puede sentir esa conexión, porque el lugar en sí mismo tiene un espíritu propio, tiene su magia—me afirmaba cierto casonero. Existe un convencimiento general de que en La Casona hay espíritus dando vueltas por todos lados, que el espíritu de músicos ya fallecidos está acompañando a los músicos en cada noche.

Yo creo que la energía más importante y motora que alberga La Casona es siempre de base fundamental el amor, manifestado en la música, en la cultura, en las raíces, en las diferencias y en las ánimas que crean este bellísimo espacio.

CAPÍTULO 4

Nuestros imaginarios crean al mundo

En el norte del país, la mayoría de las tradiciones, relatos e historias que han sobrevivido al transcurso del tiempo y perdurado en la memoria colectiva en los cinco últimos siglos han sido transmitidos de generación en generación. El conjunto de estos saberes que con esmero nos transmitimos mayormente de forma inconsciente es lo que conforma con el tiempo a las identidades culturales que compartimos, las cuales no entienden de fronteras, provincias o países. Son concepciones que tienen límites más difusos; por eso, es común encontrar sentidos compartidos en muchos países distintos que comparten una misma región. El concepto de *imaginarios sociales*, propuesto por el pensador francés Cornelius Castoriadis, nos da un marco de referencia que nos ayuda a entender cómo las ideas y creencias compartidas permiten a un grupo de personas guiar su pensamiento y sus acciones. Las historias y relatos que se cuentan oralmente son una forma de expresar estos imaginarios. Estas narrativas ayudan a la sociedad a responder preguntas esenciales sobre quiénes son, sus inquietudes y deseos, y aseguran que sus miembros se sientan unidos y se identifiquen como grupo. Este mismo mecanismo puede comúnmente ser un arma de doble filo, puesto que cuando los imaginarios son en su mayoría inconscientes, guían la vida personal o social de manera invisible, lo que hace que las personas desarrollen una percepción que les dice que las cosas *son como son*, cuando en realidad, se las están imaginando.

Es importante destacar que los imaginarios sociales funcionan como un marco que abarca a los individuos más allá de su consciencia personal, aunque ellos mismos los crean. Estos imaginarios son el resultado de una construcción colectiva a lo largo del tiempo.

Para entender mejor cómo se crean estos imaginarios y cómo toman forma, podemos pensar en lo que Cornelius Castoriadis llamó los "campos de creación social histórica". Estos campos no son lugares físicos, sino espacios construidos por el pensamiento y las ideas de los grupos humanos. Cada grupo tiene sus propios *centros* de creación. Además, todos los seres humanos, como una gran comunidad, también comparten un campo de creación común. Castoriadis explica que hay un gran campo de creación que incluye los contactos y las interacciones entre estos campos particulares, pero no se puede reducir solo a ellos.

De esta manera, podemos darnos cuenta como las guitarreadas y La Casona del Molino conforman o al menos comparten uno de esos centros de creación social. Tiene su propio mundo, original y único, anclado en su edificio y sus actividades. Al mismo tiempo, está conectada con otros centros más grandes que la apoyan y la enriquecen.

Así es que La Casona es reconocida por sus propios *imaginadores* como "un verdadero templo del folclore... un lugar maravilloso". El hecho de que las personas que la frecuentan solo puedan describirla en términos de los sentimientos y emociones que experimentan hace que sea difícil explicar lo especial de este sitio usando solo conceptos lógicos o racionales. Esto nos lleva a resumir la experiencia como algo mágico, porque supera nuestra capacidad intelectual para comprender el escenario total y no podemos transmitir de una forma satisfactoria todo lo que vivimos, si queremos explicarlo racionalmente. Esta magia propiciada por La Casona y presente en las guitarreadas viene dada de una mezcla de elementos que crean una conexión emocional única, que se componen unos a otros comunicándose entre sí, en estos campos de experiencia humana.

La comunicación, tanto consciente como inconsciente, es así un proceso omnipresente y es la base de todo lo que vemos y lo que no vemos. Quizá para acercarnos más al funcionamiento real del fenómeno podemos entenderlo como en una red neuronal. Nuestras relaciones, pensamientos, ideas y emociones se entrelazan y se nutren mutuamente y al mismo tiempo. Esto es lo que en la experiencia cercana la mayoría de las personas describen como sentir vibraciones similares, ya sea por el amor al canto, la música folclórica, la comida regional o simplemente por disfrutar en compañía de amigos, que no son más que formas de expresión de una misma energía de vida, que mueve a todo el conjunto y que cada ser puede evidenciar en sí mismo.

Sin casi darnos cuenta, son estas energías sutiles las que surgen y se transmiten de persona a persona, lo que afecta directamente los campos emocionales individuales y por consiguiente los estados anímicos de cada uno. Dicho de otro modo, la energía colectiva que se genera entre la gente y el lugar cambia la energía individual de cada persona que entra en ese entorno. Solemos describir este fenómeno como un *momento de comunión* con nosotros mismos, algo que realmente llena el alma y ayuda a liberarse de esos sentimientos extraños que a veces nos asaltan y no sabemos explicar.

Evidentemente, como en cualquier situación de la vida, la experiencia en La Casona está determinada por la perspectiva de cada visitante. Para un joven que disfruta charlando, conociendo gente nueva y explorando diferentes culturas, puede ser una puerta o ventana al mundo y a un gran intercambio cultural. Para un joven músico que está dando sus primeros pasos en el mundo de la música, La Casona se convierte en una escuela.

Al igual que las personas, el edificio también está compuesto de una parte material o más densa y otra espiritual, energética o menos densa. Después de todo, no hay que olvidar que es un producto de la imaginación y el ingenio humano. Así, puede ser vivida en múltiples niveles, para algunas personas puede representar un bar más con una opción económica para escuchar música y pasar un buen rato y para otras puede constituir una experiencia amorosa. Cierto es que el amor se siente en todas sus formas: por la música para quienes la disfrutan, por las personas para quienes aman su compañía y por cualquier cosa, material o no, que reciba esa energía creativa que fluye con facilidad.

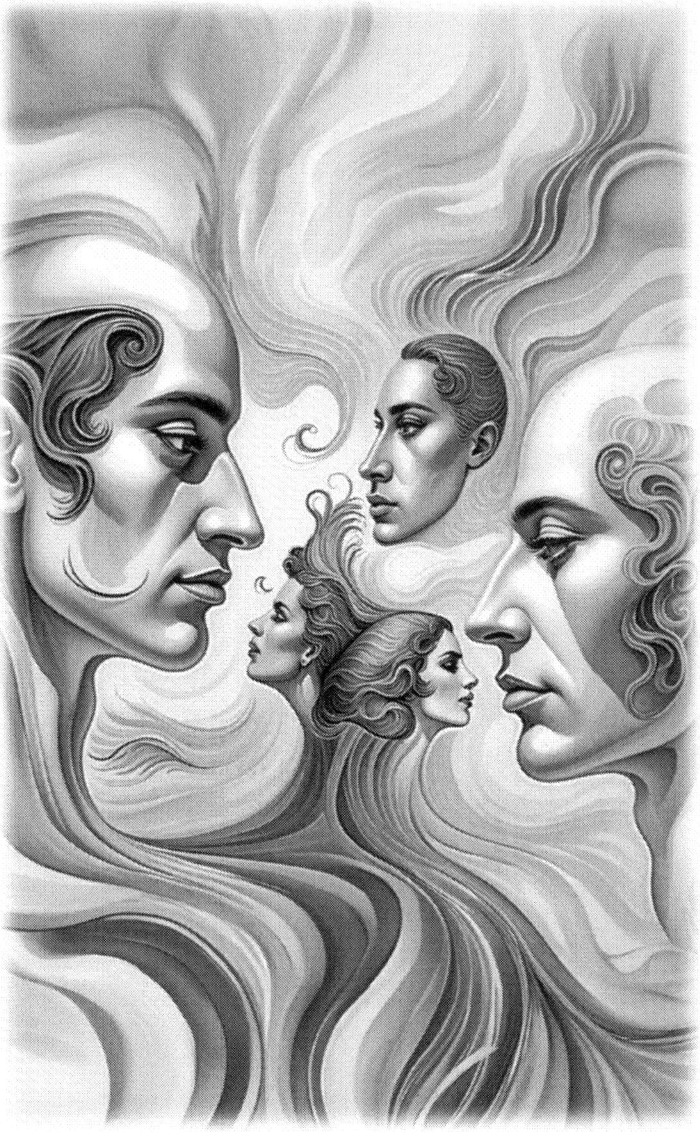

La frase "En la Casona pasan cosas geniales" captura perfectamente la experiencia de quienes la visitan. Las vibraciones y energías que la llenan se comportan como cualquier otra corriente en el universo; si la experiencia está llena de alegría y buenos momentos, eso es lo que se queda grabado en la memoria y el cuerpo emocional del edificio constituyendo la calidad de su frecuencia. Esto, por supuesto, produce distintas reacciones energéticas y químicas en el cuerpo y una atracción inevitable hacia lo que se vive allí, ya que, como dicen varios, "es un lugar que, aunque no lo elijas, te lleva solito, te tira y vos agarrás ese rumbo y caes ahí".

Particularmente creo que estos núcleos sociales son semillas muy particulares dentro de los ecosistemas sociales. Es como encontrar una flor peculiar en un recorrido por el jardín. Y a la vez son semilleros, porque cada persona que pasa por este tipo de experiencias se lleva consigo una parte de ese mensaje al resto del mundo. Aquí uno puede aprender a relacionarse, a poner en juego nuevas formas de pensamiento que luego desafíen el pensamiento enquistado del gran mundo y los imaginarios globales. Así, por ejemplo, uno de los aspectos más democráticos de La Casona es la ausencia temporal de jerarquías. Los estatus sociales se disuelven mientras se comparte el espacio y las actividades.

Este fenómeno no es exclusivo del lugar; también ocurre en tiempos y espacios específicos donde las estructuras sociales se relajan, como durante el Carnaval.

El investigador boliviano Gustavo Rodríguez explica, por ejemplo, que el Carnaval es un tiempo de pérdida de jerarquías, donde las voces se multiplican y los grupos sociales se mezclan, creando una tregua general y disolviendo los roles sociales. En La Casona pasa exactamente lo mismo, pero a lo largo de todo el año. El lugar genera un sentimiento de igualdad, lo que demuestra cuán cómodo se siente el rey sin su corona: "No hay reyes, no hay súbditos". Aunque pueda sonar en cierta manera utópico, no se trata de pensar en la anarquía, sino en ver cuanta libertad tenemos a disposición para repensarnos a nosotros mismos. Compartir un canto, una guitarra, un violín o una chacarera con alguien de quien no conoces nada más, te sabe a igual. La gente te abraza, te aplaude, te quiere, te incentiva y te lleva a continuar con esa *locura bonita*, creando un ambiente de alegría, libre expresión y autenticidad.

En las guitarreadas, existe un elemento central que dirige toda esta orquesta de energías, pensamientos, acciones y emociones, y es la música. Ella es lo que reúne a todos los asistentes y es el indiscutible hilo conductor de toda la experiencia. En un sistema social fuertemente condicionado por la búsqueda del éxito individual, el enriquecimiento material y la indiferencia hacia el otro, La Casona se constituye como un espacio donde se ponen en juego valores mucho más asociados a las características intrínsecas de la música; el ser que participa en la creación colectiva, el juego, el disfrute y la alegría. Es lo que solemos resumir en la frase "la música se hizo para compartir y no para competir". El acto creativo en La Casona es una labor mancomunada, en colaboración con todas las personas presentes, sin importar cuál sea su función.

La amplitud de la música hace que actúe como medio de comunicación, entre las personas por supuesto, pero también a nivel personal, conectando la atención con el mundo de la emoción y los sentidos. Son las características terapéuticas de la música en acción.

El concepto de comunicación ha evolucionado desde aquellos modelos esquemáticos y rígidos, como el de Harold Lasswell y la Aguja Hipodérmica, que decían que éramos sujetos pasivos a los cuáles se les insertaban mensajes unidireccionales, como si no tuviéramos ninguna capacidad y estaríamos supeditados a grandes medios de control masivo. El mundo ha cambiado y nuestra concepción de nosotros mismos también lo ha hecho. Todo lo que aprendemos, el modelo social en el que nos toca vivir, las costumbres que tenemos y heredamos, no dejan de ser un producto directo de nuestras formas de pensar. Es nuestro pensamiento el que moldea las sociedades en las cuales vivimos y las vidas que llevamos. Esto quiere decir, afortunadamente, que estamos solo a un pensamiento de distancia de cambiar lo que queramos cambiar.

La música, en su esencia, comunica y se crea por puro placer. Un placer que no es egocéntrico, sino un canto de agradecimiento a la vida misma, por darte la posibilidad de cantar.

Y usted preguntará por qué cantamos

Lo más bonito del canto en La Casona es que es libre y abierto para todo el que quiera compartir el momento. Incluso canta quien no sabe cantar: si sabes la letra, la cantas y si no, la inventas. Sin un juez que califique a cada cantor y con el juez interno más relajado, surge una liberación que permite a todos expresarse más plenamente. Esto crea una comunidad de cantores donde, aunque cantes *mal*, se te anima a seguir cantando porque es lindo para todos, porque estamos celebrando, porque estamos contentos o simplemente porque estamos un poco ebrios esa noche.

El canto en las guitarreadas no solo promueve la libertad, sino que también crea un ambiente de armonía y ayuda a sanar emocionalmente. A menudo es escuchada la frase que el canto ayuda a "sacar las penas por la garganta", en referencia a esa alquimia que todo artista produce dentro de sí, transformando penas y alegrías en bellas canciones. También el canto deja huellas en la comunicación corporal. Los que llegan en grupo para compartir la noche no se separan al llegar, sino que reorganizan el espacio moviendo mesas o juntando sillas para sentarse todos juntos. Si un grupo necesita un lugar particular y otros pueden ceder algo de su espacio, lo hacen con gusto. Esta disposición a ceder espacio es aún mayor cuando alguien trae un instrumento, señal de que va a tocar. Estas costumbres refuerzan el concepto de comunidad; no solo se puede cantar libremente, sino que también es posible sentarse donde uno quiera, con la gente que prefiera, y compartir con ellos activamente.

A La Casona llegan aquellos que están comenzando el camino y también, con frecuencia, los consagrados. Grandes artistas que, aunque son admirados por su carrera y habilidades, no reciben ni buscan un trato especial, más que el de la admiración genuina que alguien pueda tener por su trabajo. Para los jóvenes cantores, estos músicos son un ejemplo de lo que aspiran a ser o simplemente son pares que hacen lo mismo, pero en otros niveles y de los que pueden aprender. De cualquier forma, el respeto siempre es evidente.

Incluso los cantores que ya no están presentes en cuerpo físico, como el *Cuchi* Leguizamón, el Dúo Salteño, Los Chalchaleros, el Polo Román, están siempre presentes en espíritu, porque no hay noche en que sus canciones no impregnen una vez más las paredes de esa vieja casa. Así es que se fomenta y crece la abundancia de cantores en Salta, esa especie de *familia grande*, un espacio para compartir y ser una identidad común.

Somos ideas

El mundo ha cambiado muchísimo en el último siglo, mucho más rápido incluso en las últimas décadas. Todo ha sido una vorágine de transformaciones que jamás habíamos visto antes. La rápida aceleración y el crecimiento de la revolución tecnológica han permitido que las masas sociales se desarrollen de formas inesperadas y que las instituciones que antes contenían y formaban a las personas bajo cierto modelo ya no puedan seguir el ritmo. Lo hemos visto en las religiones, las escuelas, y lo estamos viendo a niveles de organización estatal, económica y de organización mundial. Muchas de las instituciones que están en crisis responden al hecho de que las ideas que las fundamentas están siendo cuestionadas, porque hay muchas de ellas que están totalmente caducadas y no son de utilidad en un mundo que cambia constantemente y propone nuevas formas de pensar.

Hay caos, por supuesto, pues es parte del proceso. También hay dolor porque las ideas por mucho tiempo sostenidas se solidifican y se vive con más intensidad el momento en el cual se desarman.

Así vivimos nuestras vidas, con intensidad. Nuevos paradigmas, conciliadores algunos y revolucionarios otros, vendrán de sectores jóvenes del pensamiento. Y no necesariamente asociando juventud con edad, sino con la capacidad de pensar más allá de lo establecido, de manera fresca, encontrando oportunidades donde antes veíamos problemas o muros.

La Casona es hoy un lugar que lleva en su corazón la semilla de las conexiones fraternales entre las personas, el reconocimiento de un pasado, el disfrute del presente y el deseo de un futuro como consecuencia del uso de valores que fortalezcan nuestra humanidad, más allá de las barreras mentales que hemos creado a lo largo de los años siglos.

Tal vez esto es así porque fue hecho con amor, con algún propósito que alguien sembró para nosotros y que desconocemos, pero que seguimos viviendo cada noche.

El camino recorrido

Estoy muy agradecido por todo lo que he pasado. Haber podido de cierta manera conciliar la emoción con un enfoque científico, aprender desde lo que ocurre hoy y vislumbrar lo que las nuevas generaciones proponen como futuras revoluciones y nuevos paradigmas. No es cierto que la ciencia es contraria al espíritu: cada momento que pasa nos acerca más a la comprensión de que ambos son solo prismas diferentes que explican lo mismo desde puntos diversos y que, de hecho, lo no tangible puede ser estudiado también a través nosotros mismos, en nuestra experiencia individual. La observación es una de las vías más efectivas para darnos cuenta de las cosas que hacemos, luego del porqué las hacemos y finalmente para dar con un espacio de libertad que no sabíamos que teníamos. Así pues, iluminamos nuestro sistema de pensamiento y, por consiguiente, nos encontramos con la posibilidad de trascenderlo.

La provincia de Salta es definida por sus habitantes como portadora de un lazo sentimental entre los salteños y su creación artística, entrelazando música y tierra en una unidad indivisible. Esto es muy común en muchos puntos del planeta y en otras ciudades que tienen este encanto similar, tierras de cantores y poetas que parecen marcadas por esquemas energéticos e históricos de este tipo. A lo largo de su historia, Salta ha experimentado un intenso intercambio cultural que los jóvenes del siglo XXI todavía reconocen como el resultado de una rica mixtura artística. El salteño se siente orgulloso de su tierra y la respeta profundamente, aunque viva en una constante tensión identitaria por la cantidad de elementos distintos que la conformaron. A menudo, le cuesta reconocer sus raíces originarias, ya que la mayoría de sus expresiones y modelos de visión a futuro se basan en formatos implementados durante la colonia: la supremacía del hombre blanco, Europa como espejo, lo que no deja de ser un rasgo característico de gran parte del país. Entonces, es primario poder hacer un primer paso hacia el autoentendimiento antes de salir a crear o buscar nuevas formas de ser y organizarnos, para evitar repetir patrones caducados. Sería como querer crear una vasija nueva usando el mismo molde de siempre.

En La Casona del Molino, hemos descubierto horas en donde tiene lugar la disolución de las jerarquías; todos se reúnen en igualdad de condiciones para disfrutar de la música, el verdadero hilo conductor de la experiencia. Pero este fenómeno no es exclusivo de este lugar ni de ninguno. No es algo propio, un atributo, una entrada que comprar o un precio que pagar; es una forma de vivir que todos tenemos a disposición ahora mismo. Las formas pasarán, pero lo que las anima sigue estando ahí todo el tiempo, y es la expresión de eso lo que da la vida, la alegría y el encuentro.

Cantar en La Casona es una forma preciosa y poderosa de comunicación, donde se dicen cosas que no pueden expresarse en el día a día o con las cuales tenemos dificultad en nuestra gestión emocional. Este acto de hacer música permite una catarsis, mezclando cualidades de libertad, armonía y reconstrucción. En su esencia, La Casona cultiva conexiones fraternales, honra el pasado, disfruta el presente y proyecta un futuro con valores que fortalecen al humano, superando sus barreras mentales.

Todo está siendo sustentado, está siendo propiciado y dado para vivir esta experiencia. La vida que nos conecta a todos atraviesa todo momento y lugar, y halla en un encuentro la forma de ser expresada. Es el amor lo que nos sustenta, como lo es para nosotros el aire: siempre presente, vital, operando a un nivel tan fundamental que no nos damos ni cuenta. La música para mí es la lengua de Dios, el sonido que somos.

Esto no es más que un retrato, una fotografía de lugares posibles, de cosas que están sucediendo. Es al mismo tiempo una invitación para repensar muchas de las concepciones aprendidas a lo largo de los últimos siglos, quizá para recuperar con más fuerza algunas prácticas que nos devuelven más a lo natural y nos conecten con nosotros mismos. Mi punto de vista siempre será particular y parcial, pero justamente en su particularidad reside su importancia. Es la suma de los puntos de vista individuales la que nos permite aspirar a comprender un poco más de cerca a la verdad. Por eso, como el mío, tu punto de vista es igual de valioso, precioso y necesario. Todos te necesitamos, porque tu aporte en tu propia vida es lo que nos permitirá ampliar algún día nuestra propia mirada.

Todas las diferencias se terminan cuando, luego de haber parado un momento a observarnos, nos damos cuenta de que el otro que vemos ahí afuera somos nosotros mismos usando un traje diferente.

Gracias por acompañarme hasta aquí.

Acerca del Autor

Matias Alejandro Casasola

Matías es un artista argentino nacido en Tucumán y criado en Salta, donde se empapó profundamente de la cultura local. Reconocido como artista destacado de Salta, ha llevado su música de folclore y de autor a diversos escenarios internacionales. Tiene dos discos editados, *Contracaras* y *Munay"*, los cuales han sido elogiados por su fusión de tradición y creatividad.

Este es su primer libro, una adaptación de su tesis de grado, en la que explora los imaginarios y las significaciones culturales que rodean las guitarreadas en Salta, con un enfoque especial en La Casona del Molino. A través de su obra, Matías busca acercar al lector al fenómeno musical y cultural que florece en este icónico espacio, lo que refleja su pasión por las expresiones artísticas y su compromiso con la preservación y el entendimiento de las tradiciones.

Actualmente reside en España, donde su herencia italiana y española también influyen en su perspectiva cultural. Matías es un apasionado del desarrollo personal y la consciencia del espíritu, intereses que se entrelazan con su constante exploración de la música y la cultura.

Contacto: info@matiascasasola.com.ar
www.matiascasasola.com – www.casoneando.com

Lecturas recomendadas

Acevedo, M. J. (1998). *Los imaginarios sociales, via regia para una hermenéutica de lo institucional.* Buenos Aires: Centro de Estudiantes Fac. de Ciencias Sociales, UBA.

Amodio, E. (1993). Uso y contenido de la imágen del Indio Americano. En *Formas de la Alteridad.* Quito: Ed. Abya Jala.Acevedo, M. J. (1998). *Los imaginarios sociales, via regia para una hermenéutica de lo institucional.* Buenos Aires: Centro de Estudiantes Fac. de Ciencias Sociales, UBA.

Amodio, E. (1993). Uso y contenido de la imágen del Indio Americano. En *Formas de la Alteridad.* Quito: Ed. Abya Jala.

Bajtin, M. (1988). *La cultura popular en la edad media y en el renacimiento: El contexto de Francoise Rabelais.* . Madrid: Alianza Universidad.

Bonfil Batalla, G. (1989). *Antropología y políticas culturales.* Mexico: INAH.

Botelli, J. J. (s.f.). *Portal de Salta.* Recuperado el 5 de Octubre de 2013, de La Salta del 1700 - El florecimiento del comercio: http://www.portaldesalta.gov.ar/sigloxxviii.html

Busto Miramontes, B. (2012). El poder en el folklore: los cuerpos en NO-DO (1943-1948) . *TRANS N° 16.*

Carbajal, M. (1 de Febrero de 2009). *Con la cruz, la pluma y la palabra.* Recuperado el 27 de Mayo de 2014, de Página 12: www.pagina12.com.ar/diario/sociedad/3-119311-2009-02-01.html

Carrizo, J. A. (1933). *Cancionero Popular de Salta.* Universidad Nacional de Tucumán: Buenos Aires - A. Baiocco y Cia. - Editores.

Castillo, A., Lucero, M., & Gasquez, M. (2010). Aproximación al discurso juventud como construcción sociohistórico-cultural. *Ultima Década, núm. 33 - Centro de Estudios Sociales, Chile*, 43-58.

Castoriadis, C. (1989). *La institución imaginaria de la sociedad. T I y II.* Tusquets.

Castoriadis, C. (1997). El Imaginario Social Instituyente. *Zona Erógena. N° 35.* .

Cerutti, A., & Pinotti, L. (2004). El canto y la danza popular argentina como prácticas culturales identitarias en un grupo de la tercera edad. *Scripta Ethnologica, núm. 26,* , 77-97.

Colatarci, M. A. (2000). El contar milagroso en la tradición oral del NOA. *Mitológicas, vol. XV, núm. 1,* 7-18.

Culto, M. d. (s.f.). *Registro Nacional de Cultos.* Recuperado el 27 de Mayo de 2014, de www.cancilleria.gov.ar/es/registro-nacional-de-cultos

Esquivel, A. P. (11 de Abril de 2004). *Las provincias argentinas y los feudos medievales.* Recuperado el 27 de Mayo de 2014, de La Jornada: www.jornada.unam.mx

Frutos, S. (1998). Acerca de la construcción de objeto en el campo de la comunicación. *Primeras Jornadas sobre Comunicación y Ciencias Sociales* (págs. 93-98). Facultad de Ciencia Política y Relaciones Internacionales, U.N.R.

García Canclini, N. (1977). *Arte Popular y Sociedad en América Latina.* México: Grijalbo.

García Canclini, N. (1995). *Consumidores y Ciudadanos. Conflictos multiculturales de la globalización.* Editorial Grijalbo: México.

García Canclini, N. (Agosto de 2007). Diálogo con Néstor García Canclini: ¿Qué son los imaginarios y cómo actúan en la ciudad? (S. Eure, Entrevistador)

Glasser, B., & Strauss, A. (1967). *The Discovery of the grounded theory.* New York: Mimeo.

Huergo, J. (2004). La formación de sujetos y los entidos político-culturales de comunicación/educación. En M. C. Laverde Toscano, M. Z. Pardo, & G. Daza Navarrete, *ENCUENTROS - Debates sobre el sujeto.*

Perspectivas Contemporaneas. Bogotá: Universidad Central-DIUC / Siglo del Hombre Editores.

INDEC. (2010). *Cuadro P5-P. Provincia de Salta. Población total por país de nacimiento, según sexo y grupo de edad.* Censo Nacional de Población, Hogares y Viviendas.

INDEC. (2010). *Superficie y cantidad de departamentos por provincia. Total del país.*

Justiniano, M. F. (2005). El poder del azúcar en el proceso político salteño a fines del siglo XIX y comienzos del siglo XX. *Rev. Esc. Hist. no.4 Salta ene./dic.*, 6.

Margulis, M., & Urresti, M. (1998). La construcción social de la condición de juventud. En H. Cubides C., M. C. Laverde Toscano, & C. E. Valderrama H., *Viviendo a toda* (págs. 3 - 21). Bogotá: Siglo del Hombre Editores.

Martín Barbero, J. (1998). En H. Cubides, M. C. Laverde Toscano, & C. E. Valderrama H, *Viviendo a toda: jóvenes, territorios culturales y nuevas sensibilidades.* Bogotá: Siglo del Hombre Editores.

Mendieta, A. (s.f.). *Portal informativo de Salta.* Recuperado el 22 de Mayo de 2014, de Primer Molino de Trigo en Salta: www.portaldesalta.gov.ar/molino.htm

Miramontes, B. (2012). El poder en el folklore: los cuerpos en NO-DO (1943-1948) . *TRANS Revista Transcultural de Música N° 16 - ISSN: 1697-0101.*

MODZELEWSKI, H. (2007). La dialéctica del amo y el esclavo como clave interpretativa del teatro emergente en la dictadura uruguaya de los años 70 Estud. filos. práct. hist. ideas [online]. n.9 [citado 2015-05-19], pp. 105-116 .

Moscovici, S. (1984). *Psicología Social T. I y II.* Paidos.

Organización Mundial de la Salud. (1986). *La salud de los jóvenes: un desafío para la sociedad.* España: Graficas Reunidas.

Poccioni, M. T. (2001). Identidad y Discurso. *Cuadernos de la Facultad de Humanidades y Ciencias Sociales N° 17- Universidad Nacional de Jujuy.*

Producciones, C. (Dirección). (2012). *Sammy y la Casona del Molino* [Película].

Strauss, A., & Corbin, J. (1990). *Base de la Investigación Cualitativa. Técnicas y procedimientos para desarrollar la teoría fundamentada.* Colombia: Universidad de Antioquía, Contus.

Taylor, S. J., & Bodgan, R. (1987). *Introducción a los métodos cualitativos de investigación.* Barcelona: Paidos.

Varsavsky, J. (10 de Febrero de 2008). Alma de Guitarreros. *Página 12*, pág. Turismo 12.

Volante Beach, P. (2001). UNA ANTROPOLOGÍA RELEVANTE: LA "CONDICIÓN HUMANA" DESDE HANNAH ARENDT. En *Pensamiento Educativo. Vol. 28* (págs. 85-104).

Zaffaroni, A. M. (2008). *El futuro a través de la Mirada Joven.* Salta: Editorial Milor.

Made in the USA
Columbia, SC
06 February 2025

Faye J. Williams

One day we will look at our image in the mirror, and we won't see the person that we used to see. No, we will see a face with folds, and creases, a hairline punctuated with silver and eyes that have dimmed with time. We are now in the fall of our lives. We were conquerors, now we are as a ballad, a sweet, simmering time when our love has mellowed completely into the trenches of our soul.

Invariably a marriage will come to an end. And when it does we must face the challenges that lie ahead. We, sometimes, have to say 'goodbye' to that very soul that we walked with and talked with and loved so deeply. Sometimes we reach the end of the road. No more merging the lanes. But a life spent with someone that you've loved, someone that you've been privileged to grow with and merge with, with all of its complexities and verities, is a life worth living over and over again, season after season.

Written for Mary and Dewery Davenport, November 18, 2014, to commemorate their 40th Wedding Anniversary

Love, Faye

Made in the USA
Columbia, SC
10 March 2023